AF311768

EXAMEN

De quatre Actes publiez de la part des Iesuites és années 1610. 1612. & 1626.

CONTENANTS

La declaration de leur doctrine touchant le Temporel des Roys.

Par lequel sont descouuertes les æquiuoques & fallaces dont ces quatre pieces sont composees.

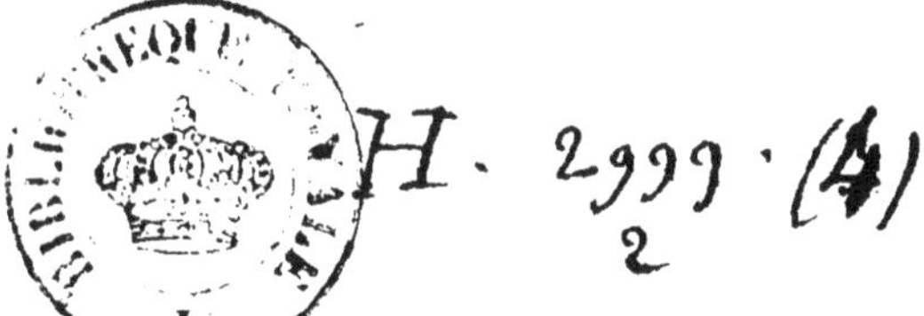

A PARIS,

M. DC XXXIII.

Aduertissement.

CE petit discours prest à mettre soubs
la presse y a bien cinq ou six ans , est
demeuré iusques à present entre les mains
de l'Autheur quasi resolu de le supprimer,
porté à cela par beaucoup de bonnes consi-
derations, la principalle desquelles ie vous
puis asseurer , auoir esté l'esperance qu'il
conceut aussi-tost , que les Iesuites apres
ceste condamnation generale du Sanctarel, l'vn des principaux d'entre eux tou-
chez de quelque remords de conscience, ces-
seroient de faire la guerre à la personne &
à la Couronne des Roys, & à l'Vniuersité
leur fille aisnée mere des bonnes lettres &
des veritables opinions : mais s'estant veu
trompé de son esperance & qu'ils conti-
nuent tousiours dans leur premier dessein,
mesme ont ouuertement attaqué l'Ordre
& la Hierarchie de l'Eglise, heurtants

† ij

insolemment la puissance & la dignité
Episcopale, il a creu estre oblige en conscience de faire cognoistre au public qu'elle
est la doctrine de ces gens la, & les artifi-
tes dont ils se seruent pour la desguiser, &
que la Sorbone rencontra tres-bien quand
en l'an 1554. elle predit que ceste nouuelle
Societé estoit pour oster aux ordinaires l'o-
beyssance qui leur est deuë, priuer iniuste-
ment les Seigneurs tant Spirituels que
Temporels de leurs droits, & exciter troubles en l'vne & en l'autre Police.

Μὴ σοφίζεαϳ τὰ ἀσόφιϛα.

id est,

Non oportet in ijs quæ technas Sophisticas
Non admittunt, vti Sophistica calliditate.

Gennadius Patriarcha Constant. apud Leoncla-
uium lib. 3 Iuris Græco-romani.

PLINE rapporte en son Histoi-re naturelle , qu'autrefois en la Grece il y eut vne telle ialousie entre deux Peintres excellens , Zeuxis & Parrhasius, qu'ils en vindrent iusques au deffi : en suitte duquel chacun d'eux voulant faire voir ce qu'il sçauoit faire en son mestier, Zeuxis exposa en public vn tableau auquel il auoit representé des grappes de raisin si approchantes du naturel, que les oiseaux trompez par la ressemblance les vinrent becqueter à la veuë de tous les assistans. Il n'y eut personne lors qui n'entra en admiration, & par vn iugement precipité de l'estonnement, ne donna l'honneur à cest excellent ouurier, n'estant pas (ce sembloit) possible de voir vn ouurage plus accompli. Mais Parrhaſius ayant produit vne piece de ſa façó en laquelle il n'y auoit qu'vn voile & vn rideau depeint, il ſe trouua ſi admirablement contrefait que Zeuxis deſia enflé du ſuccez de ſon ouurage & de l'eſperance certaine de la victoire, qu'il croyoit luy appartenir par le iugement meſme des oiſeaux ; apres auoir quelque temps contemplé ceſte piece, en fin impatient & trompé s'aduança de dire, qu'il eſtoit temps de tirer ce rideau & leuer ce voile pour iuger de l'ouurage qui eſtoit caché deſſoubs.

Mais s'eſtant auſſi toſt apperceu de ſon erreur, il fut le premier à admirer l'artifice & la dexterité de Parrhaſius, & confeſſa librement que l'aduantage & le prix luy eſtoit deub: parce (dit-il) que mon ouurage n'a trompé que les oiſeaux , mais Parrhaſius a ſi bien imité la verité par

l'artifice de ſa peinture , qu'il m'a
abuſé moy meſme , qui m'eſtimois
eſtre vn maiſtre conſommé en la cognoiſſance de tous les ſecrets de ceſt
art.

Nous pouuons hardiment dire
que les Ieſuites en ceſt artifice, eſga-
lent voire ſurpaſſent encores Pa r-
rhaſius : car ils ſont ſi adroits à deſ-
guiſer la verité & peindre vn rideau
de faulſes couleurs au deuant de toutes choſes, qu'il faut eſtre bien clairvoyant & y prendre garde de bien
pres, pour n'y eſtre point abuſé &
deſcouurir la verité cachee au tra-
uers de leurs obſcurciſſements.

En voicy vn eſchantillon en vn
ſubiet de tres-grande conſequence.

Comme ils ont veu que le liure
abominable du Ieſuite Sanctarel les
auoit entierement deſcouuerts &
deſcriez , & rendu leur meſchante

doctrine tellement deteſtee, qu'ils ne ſçauoient plus (comme l'on dit ordinairement) à quel Sainct ſe voüer, meſmes ſe trouuants preſſez & códamnez par Arreſt du 17. Mars 1626. de declarer leur ſentiment ſur ceſte matiere: ils ont auſſi toſt tiré vn rideau au deuant d'eux & cherché leur ſalut dans les tenebres & l'ob-ſcurité, & par vne ruſe qui leur eſt ordinaire, ont fait veoir entre les mains de leurs emiſſaires vne certaine declaration de leur creance, tellement trompeuſe & equiuoque, & ſon ſens ſi bien'caché & enueloppé dans le voile de ſes paroles, qu'elle contient en effect tout le contraire de ce qu'elle ſemble porter en appa-rence.

Et comme ſi par là ils auoient deſ-robé à la veuë de tout le monde la cognoiſſance veritable de leurs ſen-

timents ; on a veu en ſuitte courir
ſoubs leur nom auec vne hardieſſe
nompareille vn petit eſcrit portant
ce tiltre, *La doctrine des Reuerends*
Peres de la Compagnie de Ieſus touchãt
le temporel des Rois, conforme aux
Sainčts Conciles & Decrets des Papes.

La peinture de ce rideau trompeur expoſee en vn faux iour, luy a
faict prendre vn luſtre ſi aduanta-
geux, que non ſeulement il y auoit à
craindre qu'il donnaſt ombrage &
fiſt quelque impreſſion aux eſprits
ſimples & credules, & dont la conſi-
deration legere, comme les oiſeaux
de Zeuxis, ne s'arreſte pas à iuger a-
uec loiſir de la verité des choſes; mais
en effect a eſblouy entierement la
veuë & le iugement à vn certain perſonnage qui ſe pretend neantmoins
eſtre des plus entendus du meſtier &
tres clairvoyant en la cognoiſſance

R. Bou-
teraie
Aduocat
au grand
Conſeil.

de telles matieres.

Car ce bon homme ne s'eſt pas contenté de ſe laiſſer tromper en prenant ce voile pour vne verité, mais outre cela il a luy meſmes pris le pinceau, voire la broſſe en la main, pour y adiouſter quelque choſe du ſien, & charger & rendre de ſa part ce voile encores plus obſcur & plus eſpais, & contribuer ſa foible induſtrie pour ayder à tromper les autres.

A ce deſſein il a expoſé en public vne piece de ſa façon intitulee *Gallicinium in aliquot falſas damnataſque Sanctarelli aſſertiones pro Rege Chriſtianiſſimo*, en laquelle dónant l'vmbre de ceſte declaration Ieſuitique pour vne verité naifue; il baſtit là deſſus comme ſur choſe ſolide, & ſe trauaille à la faire iuger ſuffiſante pour declarer tous les Ieſuites de France autant innocens de ceſte do-

Imprimé à Paris chez Berin en 1626.

ctrine meurtriere qu'il eſt contraint d'en confeſſer coulpables tous les Ieſuites eſtrangers : mais qui pis eſt il ſe vante de faire paſſer ce mauuais iugément à la poſterité, & tromper ceux qui viendront apres nous, promettant d'inſerer ceſte faulſeté dans l'hiſtoire de France qu'il dit auoir entrepris d'eſcrire.

Cela a reſueillé vn bon François, né & eſleué & par la grace de Dieu tres ferme en la creance de la Religion Cath. Apoſt. & Romaine, & qui proteſte deuant Dieu n'eſtre pouſſé d'aucun eſprit que de l'affection qu'il porte à la verité, au ſalut du Roy, à la paix & au repos du Royaume, & luy a faiċt croire qu'il eſtoit obligé de porter la main pour leuer ce voile, tirer ce rideau trompeur & deſcouurir par ce petit eſcrit le mal & la faulſeté qui eſt cachee deſſoubs :

& paſſant plus auant, faire voir que non ſeulement ces deux pieces dont nous venons de parler, mais encores toutes celles que les Ieſuites ont faites en ſemblables rencontres, ſont remplies de pareils deſguiſements; & ainſi tout d'vne main & d'vn ſeul coup d'eſponge en effacer le fard & les faulſes couleurs.

Or outre ces deux pieces dernieres, qui ont donné le principal ſubiect à ce petit diſcours, ils nous firent paſſer par la veuë il y a quelques annees deux autres ouurages de pareille trempe : ſçauoir en 1610. le decret de leur General Aquauiua, & leur declaration faicte en Parlement en l'an 1612. leſquelles eſtant tiſſuës auec la meſme malice que les deux dernieres, il a ſemblé à propos d'examiner preſentement les quatre enſemble, chacune ſelon l'ordre du temps.

Le

Le premier donc de ces beaux ouurages est le decret de leur General Aquauiua de l'an 1610. composé auec vne si artificieuse malice, que portant en apparence des defenses à ses supposts de publier & tenir ceste doctrine assassine, en effect il l'approuue & la confirme entierement.

En voicy les propres termes, *præsenti decreto præcipimus, ne quis deinceps Societatis nostræ Religiosus prælegendo aut consulendo* AFFIRMARE *præsumat, licitum esse cuicumque personæ quocumque prætextu tyrannidis, Reges aut principes occidere seu mortem eis machinari.* Celuy qui a faict la premiere response a l'Anticoton, l'a ainsi traduit. *Nous enioignons en vertu de ce present decret, qu'aucun Religieux de nostre compagnie, soit en public ou en particulier, lisant ou donnant aduis, & beaucoup plus mettant quelques œu-*

Imprimée au Pont en 1610. chez Michel Gaillard

ures en lumiere, n'entreprenne de sou-
stenir qu'il soit loisible à qui que ce soit
soubs quelconque pretexte de tyrannie
de tuer les Roys ou Princes, ou d attenter sur leurs personnes.

Le dessein des Iesuites en la publication de ce decret a esté de nous ietter de la poudre aux yeux, & faire croire qu'ils ne tiennent point ceste mauuaise doctrine, & que comme la Sorbonne l'auoit condamnee par sa censure de l'an 1610. aussi eux ne l'approuuoient ils point : que leur doctrine estoit conforme à celle de l'eschole de Paris, qu'en cela ils estoient d'accord auec la Faculté de Theologie, & qu'ils auoient sur ce poinct vne mesme creance.

Or pour faire veoir clairement aux plus aueugles que la doctrine des Iesuites en ce subiet est meschante & abominable, & que tant s'en

faut quelle foit conforme à celle de
la Faculté de Theologie, & le decret
d'Aquauiua femblable à celuy de
Sorbonne; qu'au contraire il y a auffi grande difference entre les deux,
qu'entre le iour & la nuict:il faut en-
trer en l'examen particulier de l'vn
& de l'autre de ces actes, & pour ceft
effect comme nous auons cy deffus
reprefenté les termes du decret d'A-
quauiua, il eft à propos d'inferer icy
ceux du decret de Sorbonne. Voicy
quels ils font. SACRA FACVLTAS
CENSET SEDITIOSVM, IMPIVM, ET
HÆRITICVM ESSE QVOCVMQVE
QVÆSITO COLORE A QVOCVMQVE
SVBDITO VASSALLO AVT EXTRA-
NEO SACRIS REGVM ET PRINCI-
PVM PERSONIS VIM INFERRI. Ces
mots ont ainfi efté tournez en Fran-
çois. *C'eft vne chofe feditieufe,impie, & heretique,d'attenter & mettre les mains*

violentes sur les sacrees personnes des Rois & Princes, quelque pretexte que tout subiect, vassal, ou estranger quelconque puisse prendre ou rechercher.

Quiconque voudra vn petit prendre garde aux termes de l'vne & de l'autre Censure, il trouuera qu'elles sont bien differentes, & en leurs paroles & en leur sens.

La conclusion de Sorbonne est seuere selon l'enormité du crime, IMPIVM, HÆRETICVM EST, C'EST CHOSE IMPIE ET HERETIQVE : elle est outre cela affirmatiue, vniuerselle, generalle qui enueloppe tout & n'excepte rien, & ne se peut reduire en proposition particuliere par la transposition de ses termes, à cause de ce terme CVICVMQVE, ioinct auec le mot affirmatif IMPIVM EST : voila la construction IMPIVM EST CVICVMQVE REGIBVS VIM INFER-

RE, c'est à dire, *c'est chose impie à qui que ce soit, à toute personne, à chacun de faire violence aux Roys.* En quelque façon que vous tráspofiez ces mots, toufiours la propofition de Sorbonne fera vniuerfelle affirmatiue.

Le decret d'Aquauiua premierement eft conceu en termes fi lafches & fi mols, qu'on voit bien qu'il a peur de donner quelque atteinte ; & d'ailleurs fi artificieufement æquiuoques, que paroiffant contenir vne propofition generale & vniuerfelle condamnante en tout cas l'affaffinat des Roys, elle eft en effect particuliere à caufe des termes negatifs NE QVIS AFFIRMET LICITVM ESSE, lefquels ioincts auec la marque d'vniuerfalité CVICVMQVE, rendent la propofition reftrainte & particuliere, & approuuent les affaffinats en certains cas non compris dans les

termes de leur propofition.   Voicy
les mots, *præcipimus ne quis deinceps
Soci tatu noftræ aufirmare præfumat,
licitum ff cuicumque perfonæ*, *quocumque prætextu tyrannidu Reges aut
principes occidere.* Le François eft vn
peu plus couuert, mais neantmoins
la fallace s'y apperçoit aifemét. *Nous
enioignons qu aucun Religieux de noftre
Compagnie n'er treprenne de fouftenir
qu'il foit loifible à qui que ce foit & fous
quelconque pretexte de tyrannie de tuer
les Roys.*

Il defend de fouftenir *licitum effe
cuicumque Regem occidere quocumque
prætextu.* Donc fa propofition eft
telle, & par fes propres paroles, &
par le fens *non eft licitum cu cumque
perfonæ quocumque prætextu Regem
occidere,* c'eft à dire, *il n'eft pas permis à
tous à chacun, foubs toute forte de pretexte de tuer vn Roy:* mais cela n'ex.

clud pas, au contraire attire vne consequence concluante, *licet alicui, licet
aliquo prætextu*, c'est à dire, *il est loisible
à quelque sorte de personnes, & pour
quelque occasion ou quelque pretexte.*
Et la tromperie & le sophisme vient,
comme il a esté remarqué cy dessus,
de ce que la negatiue s'alliant & se
rapportant par la construction auec
le mot general affirmatif, *cuicumque*,
rend la proposition particuliere,
quoy qu'elle paroisse de prime face
generalle comme elle est couchee
dans ce decret. Mais il s'y trouue pareille difference qu'il y a entre ces
mots, *non omnis* ou *non quicumque*, &
nullus ou *nemo*. Par exemple qui dira
nemo ou *nullus homo est albus*, c'est à
dire, *nul homme n'est blanc*, dira vne
maxime generale sans exception:
mais qui dira, *non omnis*, ou *non quicumque homo est albus*, c'est à dire,

tout homme ou chacun homme n'eſt pas blanc, faict vne propoſition particuliere qui n'empeſche que la conſequence ne ſoit vraye : *ergo aliquis homo eſt albus*, donc il y a quelque homme blanc.

De meſme qui diroit, *nemini licet Regem occidere & nullo prætextu licet Regem occidere*, c'eſt à dire, il n'eſt permis à perſonne de tuer le Roy, *&* ſoubs nul pretexte il n'eſt permis de tuer le Roy ; prononceroit vne maxime generalle & vniuerſelle negatiue qui comprendroit tout, & auroit pareille force que la generalle affirmatiue de Sorbonne, *Impium eſt à quocumque, quocumque prætextu Regibus vim inferri.* Mais en diſant comme Aquauiua, *non licet cuicumque quocumque prætextu Regem occidere ;* Il n'eſt pas permis à tous, à chacun, au premier venu, *&* pour toute ſorte de pretexte de

tuer

ǐuer le Roy: on donne lieu à la confequence *licet alicui, licet aliquo prætex-*
tu, il eſt permis à quelqu'ʋn *&* pour
quelque pretexte.

Pour oſter l'æquiuoque & la tromperie, au lieu d'vſer du terme nega-
tif *licitum non eſt,* il n'eſt pas permis, il
falloit dire par affirmation comme la
Sorbóne *impium eſt cuicumque,* c'eſt
choſe impie à chacun qui ſe fut conuer-
tie en vne negatiue vniuerſelle, *Ne-*
mini licet, il n'eſt permis à perſonne, qui
eut eu meſme ſens & meſme verité:
tous leſquels termes Aquauiua a ſoi-
gneuſement & finement euitez.

Ainſi ce decret eſt vne piperie, vn
eſchapatoire, vn voile & vn nuage
bien eſpais dont ils ſe ſont ſeruis, cóme la ſeiche de ſon ancre pour eſ-
bloüir la veuë du peſcheur : & tant
s'en faut qu'il ſoit en aucune choſe
contraire à la doctrine aſſaſſine, qu'il

y est en tout & par tout conforme.

Car la doctrine des Iesuites n'est pas qu'il soit permis au premier estourdy qui le mettra en sa phantasie d'aller tuer son Roy : mais ils ont estably certains cas, certaines circonstances, & regles diaboliques, suiuant lesquelles ils le permettent ou le conseillent. C'est ce que traicte si amplement Suarez Iesuite au liure intitulé *Defensio fidei Cath. aduersus Angl. sectæ errores*, lequel a esté bruslé par Arrest, & entre autres lieux p. 280. num. 18. voicy comme il parle, *recte dixit soto licet Rex in solo regimine tyrannus non possit à quolibet interfici, latâ vero sententiâ quisque potest institui executionis minister: eodem modo si Papa Regem deponat, ab illis tantum poterit expelli vel interfici quibus ipse commiserit*, &c. c'est à dire, *Soto a fort bien dit, combien que le Roy qui par le*

seul gouuernement est tyran ne puisse pas
estre tué par le premier venu, toutefois
apres la sentence donnée vn chacun
peut estre commis ministre de l'execution : De mesmes si le Pape depose vn
Roy, il pourra seulement estre chasse ou
tué par ceux à qui il en aura donne la
charge.

Voyla leur Non licet cvi-
cvmqve, il n'est pas permis à chacun : & voyla encores qui est bien à
remarquer ce qu'ils entendent quád
ils dient qu'il n'est permis à aucun de
son auctorité priuée de tuer vn Roy;
car à leur aduis il doit attendre que la
sentence & la condamnation prece-
de, & ceste sentence se donne selon
les formes gardées en l'inquisition &
prescriptes par le *directorium inqui-
sitorum*, & si vous demandez qui en
est le Iuge, le Iesuite Richeome au
passage qui sera cotté cy-apres, &

tous les autres Iefuites n'en font point la petite bouche, & dient hardiment que c'eſt le Pape.

Apres lequel iugement, ils fouſtiennent par vn autre malicieuſe æquiuoque & cauillation diaboliſque que les Roys & autres Princes Souuerains, ne font plus Roys ny Souuerains : & foubs ceſte piperie ils vous aſſeureront effrontemét qu'ils n'enſeignent point de tuer les Roys & dient vray, felon leur mauuais ſens, car ſi tant eſt (comme ils tiennent) que les Princes ou Roys, ainſi condamnez, ne foient plus Roys ny Souuerains, & que ceſte condamnation face que celuy qui eſtoit Roy ou Prince ceſſe de l'eſtre, & deuienne non ſeulement particulier & priué du droit de ſa dignité, & ſes ſubiets abſous de la fidelité qu'ils luy ont iurée ; mais auſſi tyran & criminel. Il s'enfuit de eefte mauuaife & faulfe propofition, vne pire confequence, mais veritable à leur mode, & felon leur fens, que qui tuë vn Roy ou vn Prince de cefte qualité ne tuë point vn Roy ny vn Souuerain, & n'eft point criminel de leze Majefté, & ne le tuë point de fon auctorité priuée: au contraire il execute vn iugement contre vn criminel & fait acte de iuftice & meritoire, obeïffant à ceux qui ont droit de le commander.

C'eft-ce que traicte fi au long Suarez au liure cy-deffus allegué, & auparauant luy le Cardinal Bellarmin Iefuite au liure *de Poteftate Summi Pontificis in temporalibus*, NAM P. PRINCIPES HÆRETICI, DIT-IL, POST SENTENTIAM SVMMI PONTIFICIS DECLARANTIS ILLOS EXCOMMVNICATOS ET DEPOSITOS NON SVNT

AMPLIVS LEGITIMI PRINCI-
PES ET SVPERIORES, c'est à di-
re, *Les Princes heretiques apres que par
sentence le Pape les à declarez excommuniez & deposez, ne sont plus Princes
legitimes ny souuerains*, & au mesme
liure introduisant le Pape qui parle
au peuple il adiouste, FACIO VT
ILLE QVI TIBI REX ERAT
NON SIT TIBI REX DEIN-
CEPS, c'est à dire, *Ie faits que celuy
qui t'estoit Roy auparauant, cesse d'e-
stre ton Roy desormais.*

Et par là nous cognoissons bien
que toutefois & quantes qu'ils parlent de seruir les Roys, obeyr aux Superieurs, & quand il dénient hardiment, qu'ils enseignent à les assassi-
ner, ils nous trompent malicieusement l'entendât à leur mode & auec
l'euasion mentale & interpretation
cy-dessus.

Ils paſſent bien plus auant, car nous apprenons de Mariana Ieſuite, que bien ſouuent pour attenter à la vie du Roy il n'eſt pas beſoin d'attendre la ſentence du Superieur; mais qu'il ſuffit VIROS ERVDITOS ET GRAVES IN CONSILIVM AD-HIBERE, *en conſulter des perſonnes graues & ſçauants.* Or quand Mariana parle des gens de ceſte qualité, qu'il n'entende parler des Ieſuites, il n'y a pas lieu d'en doubter : car outre qu'eſtants inquiſiteurs ſecrets comme il ſe void par leurs Bulles, cela eſt de leur mauuaiſe charge, ils ont touſjours affecté d'eſtre qualifiez VIRI GRAVES ET DOCTI, & s'en ſont quaſi appropriez le tiltre ; & de faict *Ioannes Aluarus* leur Prouincial en Portugal par la permiſſion qu'il a donné en 1612. d'imprimer le liure de Suarez qui depuis a eſté bruſlé à

Ch. 6. du Liure 1 de Rege & Regis inſtie.

Paris par Arreſt, dit qu'il donne ceſte permiſſion apres qu'il a eſté approuué SOCIETATIS GRAVIVM DO-
CTORVMQVE HOMINVM IVDICIO,
par le iugement d'hommes graues &
ſçauans de leur Societé.

Eſt encores à remarquer que ce decret d'Aquauiua fait bien defenſes
d'eſcrire, donner aduis & faire leçon
de ceſte matiere ; mais ne defend pas
de l'enſeigner en confeſſion, ny la
publier & animer à l'executer en la
predication : La raiſon de cela peut-
eſtre d'autant que les leçons & les eſcrits ſont publics, & peuuent eſtre
examinez à loiſir, & les aduis don-
nez en particulier ſubiets à eſtre re-
uelez ou par ſcrupule ou par indiſcre-
tion de ceux à qui on le donne : mais
tout ce qui ſe dit en confeſſion oblige, comme eux-meſmes l'enſeignét,
tant le Confeſſeur que le penitent

de

de tenir le tout fecret foubs le fceau
de confeſſion. Quand à la predication, Aquauiua ne la defend point
d'autant qu'il a creu que la dexterité
de fes fuppots eſtoit telle, qu'ils ne
s'en feruitoiét que bien à leur point,
& lors qu'ils recognoiſtroient les
chofes preparées à vne prompte &
facile execution : telles qu'ont eſté
dans Paris les Predications du defunct Pere Gontier & du Pere Hardy Iefuites peu auparauant l'aſſaſſinat du feu Roy Henry le Grand.
Ioinct qu'il peut s'eſtre perfuadé
qu'vn Predicateur parlant dans l E-
glife en lieu Sainct auec auctorité cóme portant la parole de Dieu, on
luy garderoit ce refpect, finon à fa
perfonne du moins à fon miniſtere,
de le diſſimuler & ne s'attaquer pas ſi
facilement à luy, bien que tres puniſ-
fable pour abufer des chofes Sain-

d

ctes ; comme au commencement de la Ligue nous n'auons que trop failly en ce point : & en tout cas il a creu que foubs l'æquiuoque de fes parol-les à double entente il fe pourroit ex-cufer des mauuais propos qu'il au-roit femé parmy fes auditeurs.

Mais quand en ce decret d'Aqua-uiua on ne remarqueroit les æquiuo-ques & defauts cy-deffus cottez, lef-quels ne fe trouuent point en la cen-fure de Sorbonne , il ne fatisferoit pas pour cela à ce qu'on defire d'eux. Car il ne condamne pas cefte do-ctrine meurtriere comme mefchan-te, & ne defend pas de la croire ; qui feroit tout le fruit de ce decret, ains feulement d'en faire des leçons ou d'en donner aduis, c'eft à dire en bon François qu'il defend feulement de la publier trop ouuertement & com-munement, iugeant que lors de ce

decretla saison y estoit contraire &
qu'il falloit attendre le temps : encores ces defenses de ne faire des leçons
de ceste matiere ne sont elles pas ab-
soluës, mais seulement de les traicter
affirmatiuement , AFFIRMARE
PRÆSVMAT, & ainsi il semble permettre de soustenir ceste malheureuse doctrine comme opinion proble-
matique, en laquelle il est libre à chacun de croire ce qui luy plaira , qui
n'est pas vne condamnation, mais en
effect vne formelle approbation:
aussi voyons nous que dans ceste li-
berté de creance, ils choisissent tous-
jours la pire part.

Ainsi ce decret n'est pas vne veritable censure faicte serieusemét pour
condamner ceste meschante doctrine, mais vne piece tissuë à dessein de
tromper & couler le temps seulement, ces mots de la preface *ad id*

consilij nos impellunt, nous l'apprennent aſſez.

Mais pour monſtrer ſans replique que leur deſſein n'a eſté autre, & que les Ieſuites ne tiennent point ceſte diabolique doctrine pour condamnée, il ne faut que compter combien de gens de ceſte ſociete l'ont publiée par liures imprimez depuis ce beau decret, meſmes affermé comme article de foy.

Cela ſe recognoiſtra encores ſi clairement qu'il n'y a lieu d'en douter en examinant la preface de ce decret, qui en contient le motif & la cauſe impulſiue, voicy les mots : *Quandoquidem Societatis ſcriptoribus ac Theologis qui docent cæteriſque omnibus operarijs haud ſatis eſt, id ſolum peruidere quod in aliorum ſcriptorum libris reperitur, ſed illud adprimè conſiderandum ſintne opiniones validis nixæ funda-*

mentis, tutæ, probatæ, *ſcandalis aut*
alijs incommodis minime obnoxiæ:
ideo ſanè iuſtiſſimas ob cauſas quæ ad id
conſilij *nos impellunt præſenti decreto*
præcipimus, &c. leur François eſt tel,
d'autant que ce n'eſt pas aſſez aux Theo-
logiens de noſtre compagnie quand ils eſ-
criuent ou enſeignent de bouche de voir
ex actement ce qui a eſté eſcrit par les au-
tres Docteurs, ains doiuent encores bien
conſiderer ſi les opinions de tels Docteurs
SONT APPVIEES *ſur fondements ſoli-*
des, ſi elles ſont SEVRES, APPROVVEES,
ET NON SVBIECTES A SCANDALES,
ou autres inconueniens : à ceſte occaſion
pour pluſieurs iuſtes cauſes & raiſons
à ce nous mouuans, nous enioignons &c.

Il ne dit pas que les Theologiens
de la Societé doiuent cóſiderer ſi telles opinions ſont VERITABLES, OR-
THODOXES , IVSTES , SAINCTES;
mais ſi elles ſont appuyées ſur fonde-

mens solides, c'est à dire, si ceux qui les ont mis en auant ont assez d'auctorité & de reputation pour leur donner cours, s'il se trouuera dans vn estat des gens assez puissants & d'assez grand credit pour les soustenir.

Si elles sont severes, c'est à dire, si il fait seur de les diuulguer, si il n'y a point de Iuges qui condamnent les liures au feu & les autheurs aux peines deuës aux criminels de leze Majesté, s'il n'y a point à craindre la colere du Prince, la haine du peuple, l'opposition des gens de bien.

Approvvees, c'est à dire, si la plus grande partie les tient & les croid: par exemple, incontinent apres la mort du feu Roy Henry le Grand d'heureuse memoire en France, on reiectoit vniuersellement ces maximes Iesuitiques comme detestables

& cauſe de ce malheureux aſſaſſinat;
La Sorbonne les cenſura , le Parlement les condamna, tout l'ordre Eccleſiaſtique les deteſta , & le cómun
peuple les eut en telle horreur, que
lors du ſupplice de ce miſerable Rauaillac qui en auoit eſté l'exempteur,
ils refuſerent de prier Dieu pour luy,
criants d'vne voix eſpouuétable qu'il
falloit qu'il fut damné. Lors fut ce
decret baſti par Aquauiua, & enuoyé
en France pour aduertir ſes ſuppots
d'eſtre plus accorts & plus ruſez en
leurs eſcrits, & attendre le temps, lequel ſemble eſtre auiourd'huy arriué, que la Sorbonne par mauuais artifices eſt intimidée, menacée & vio-
lentée, que l'Vniuerſité eſt rigoureu-
ſement opprimée , que parmy aucuns du Clergé, le temps a fait du
changement, que l'on taſche à tout
propos de lier les mains aux Parle-

ment, que les principaux de ceux qui font plus obligez d'y prendre garde femblent y conniuer trop nonchalámcnt, qu'on en cache & defguife le danger & la mefchanceté au Roy, & le deftourne t'on de fe feruir des remedes faciles & legitimes pour fa conferuation, que mefmes on a paffé fi auant que de faire defenfes aux fubiets du Roy de parler affirmatiuement de fa Souueraineté.

NON SVBIECTES A SCANDALE, OV AVTRES INCONVENIENS, c'eſtà dire, de peur qu'il n'arriue vn fcandale tel que celuy qui arriua apres l'affaffinat du feu Roy, que les peuples & les Princes Souuerains de la Chreftienté ne s'irritent, qu'ils n'embraffent pour leur defenfe toute forte de moyens legitimes, mefmes l'oppofition de leur Clergé, qu'ils ne facent chaftier par leurs Magiftrats

les

les autheurs, bannir les Ordres en-
tiers comme il fut fait en 1594. en
France, & depuis à Venise en 1605.
qu'ils ne fassent comme Philippes le
Bel, Charles V. Charles VI. Charles
VII. Loys XI. Loys XII. & leurs
successeurs, qu'ils ne fassent descouurir par escrits & raisons contraires,
l'impieté de ceste doctrine, & des-
crier ceux qui en sont les autheurs &
les porteurs.

De ce mesme mot de *scandale* a
vsé la censure pretenduë faicte par
nostre sainct Pere le Pape le 13. Ian-
uier 1613. contre le Liure du Iesuite
Becanus, *ægré ferens eiusmodi libros ex*
quibus graue aliquod scandalum oriri
possit à viris Catholicis in lucem emitti:
& c'est ce mesme scandale que le Di- p. 560.
rectoire des inquisiteurs dit deuoir de l'im-
preff. de
estre euité, *in viros potentes & illu-* Venise.
stres ideo non inquiri ne ob id scandalum

e

oriatur, c'eſt à dire, *ne pas faire le pro-*
cez en l'inquiſition aux perſonnes illu-
ſtres & puiſſantes, de peur qu'il n'en ar-
riue ſcandale.

Bref, il ſe peut dire qu'Aquauiua
par ſon decret ne condamne point la
doctrine de depoſer & tuer les Rois
comme faulſe & meſchante, au contraire la ſouſtient & l'approuue: mais
finement & malicieuſement il donne aduis aux ſiens de bien cacher leur
ieu, & ne publier ceſte doctrine *ſinon*
adhibitâ cautelâ locorum & tempo-
rum, c'eſt à dire, *ſelon qu'ils iugeront*
que les lieux & le temps le pourront por-
ter. C'eſt iuſtement ce que le meſme
Aquauiua eſcriuit en ceſte annee
1613. au P. Baltazar Prouincial de
France, ſur le ſubiet du Liure de Becanus, *id in eo deprehenſum eſt quod*
aliter dictum aut omnino prætermiſſũ
oportuit: il ne le blaſme pas d'auoir

escrit aucune chose mauuaise, mais seulement la façon & le temps auquel il l'auoit escrit, c'est à dire, trop ouuertement & à contretemps : Aussi adiouste il, *speramus patrem illum cautiorem futurum in posterum*, *Nous esperons que ce Pere là, sera plus fin & plus accord à l'aduenir*; il ne dit pas, Nous esperons que ce Pere recognoistra la verité & sa faute, & par escrits contraires se desdira publiquement, mais il ne tend qu'à le rédre plus rusé, & à se seruir mieux des occasions : & pour le monstrer Aquauiua n'en escriuit pas en autres termes au P. Coton, *Speramus* (dit-il) *fore vt pater ille sit cautior in scribendo, & præcaueantur omnes eiusmodi offensiones diligentius.*

C'est le mesme conseil qui est porté dás le Directoire des Inquisiteurs, quand il est question de faire le procez à vn Roy en l'inquiſition, & l'expoſer apres la condamnatió au couſteau des croiſez ſecrets, CAVTE NEGOTIVM FIDEI PERAGENDVM EST, il le faut faire finement & ſecretement, & bien prendre comme l'on dit ſon pair, car ce mot (*negotium fidei*) & ce qu'en Eſpagne on appelle *l'aĉte de la foy*, ſignifie proprement la prononciation & execution des iugements contre les condamnez à l'Inquiſition.

Et de meſme intention fut eſcrit par luy au Pere Coton en la meſme lettre, parlant de Becanus, *ea notanda curauimus atque ad eundem patrem remittenda quæ vel deleri omnino vel corrigi oportere deprehenſa ſunt,* VT QVOAD LICEBIT *emendentur,* id eſt *donec liceat,* iuſques à ce qu'on puiſſe librement le faire courir, ou bien entant qu'il ſera poſſible.

Voi dirĉt. Inquiſ. p. 512. & 559.

Ainſi ce decret d'Aquauiua a le bien prendre non ſeulement n'eſt pas conforme à la cenſure de Sorbonne, & ne condamne pas cette malheureuſe doctrine, ains la confirme entierement, & n'eſt autre choſe qu'vn aduis aux Ieſuites de France de l'enſeigner accortement & finement, & par conſequent leur conuiction toute entiere.

Car où il a eſté faict par leur General en intention de condamner à bon eſcient & ſans æquiuoque ces abominables maximes, & en ce cas les Ieſuites n'y ayant point obey, ains contreuenu tant de fois, & en tant de façons, ne deuons-nous pas croire pour certain, qu'opiniaſtrement ils maintiennent cette hereſie, puis qu'ils n'ont peu eſtre demeus à la quitter par l'authorité de leur Superieur, auquel en toutes autres cho-

ſes ils rendent vne obeyſſance aueu-
gle:ou bien il faut par neceſſité qu'ils
aduoüent que ce n'eſt qu'vne piece
tiſſuë d'æquiuoques malitieux pour
ſeruir au temps qui couroit lors incontinent apres la mort du feu Roy,
& eſquiuer aucunement la haine &
la malediction du peuple qui les te-
noit porteurs de ceſte malheureuſe
doctrine qui auoit fraiſchement
plongé le couſteau dans le cœur de
ſon Roy.

C'eſt pourquoy les Ieſuites ayant
ſouſtenu par leur Apologie contre
l'Anticoton, qu'il euſt eſté en quelque maniere à deſirer que Rauaillac
eut leu Mariana, dautant que Mariana enſeigne diſertement & ex-
preſſement *qu'vn Prince* LEGITIME
ne peut eſtre tué par vn PARTICVLIER
DE SON AVCTORITE' PRIVEE, *&*
qu'en cela il ne diſoit rien qui ne fut con-

forme au Concile de Constance & aux decrets de Sorbonne : La Faculté de Theologie s'en offença & prit cela à grande iniure, & sur la plainte faicte par le Syndic, que soubs l'ambiguité de ces paroles l'autheur de ceste Apologie s'efforçoit de persuader que Mariana estoit aucunement d'accord auec les decrets que l'eschole de Paris auoit faicts contre les parricides qui attentent aux personnes sacrees des Roys, la Faculté en son assemblee faicte en Sorbonne le premier iour de Feurier 1611. declara par son decret que Mariana ne s'accordoit en cela aucunement ny auec le Concile de Constance ny auec les conclusions d'icelle Faculté & que l'autheur de l'Apologie ne l'auoit escrit assez considerément.

Apres cela quand en 1612. (qui est le second acte que nous auons Declaration au Greffe en 1612.

proposé d'examiner) aucuns Iesuites firent declaration au Greffe du
Parlement , *qu'ils eſtoient conformes
& ſe conformoient à la doctrine de l'eſ-
chole de Sorbonne , en ce qui concerne la
conſeruation de la perſonne ſacree des
Roys , manutention de leur auctorité
Royalle , & libertez de l'Egliſe Galli-
cane, de tout temps & ancienneté gar-
dees & obſeruees en ce Royaume.* Outre
que ceſte declaration eſt ſubiecte à
deſadueu, n'ayant point eſté faicte
par vn conſentement general de
toute la Societé , mais par ſimples
particuliers : quelle creance y peut-
on adiouſter puiſque la Sorbonne a
ſouſtenu le contraire, & par acte public leur en a donné le dementi?
Qu'apportent-ils de nouueau pour
nous faire croire à preſent ceſte con-
formité de doctrine? ont-ils abiuré
leur hereſie, & fait profeſſion de foy
ſuiuant

suiuant la doctrine contenuë dans la censure de Sorbonne ? rien de tout cela : mais hardiment aucuns d'eux ont fait ceste declaration, par laquelle soubs l'ambiguité de ces mots, ROYS, ROYS LEGITIMES, AVCTORITE' ROYALLE, auctorité priuée, ils ont pensé tromper & esblouyr tout le monde.

Car ie croy bien que les Iesuites veulent qu'on honore les Roys, & en cela ils sont d'accord auec la Sorbonne : mais qui sont les Roys ou Roys legitimes, & s'il y a quelque puissance superieure qui les puisse deposer & condamner ou non, ils sont en cela bien contraires : car les Iesuites ne recognoissent point pour Roys ou Roys legitimes, beaucoup que la Sorbonne & tous les gens de bien & bons Catholiques recognoissent pour tels. Et c'est sur ce particulier là, qu'ils deuroient s'ouurir & faire leur declaration nettement sans æquiuoque & en bonne forme ; & ceste note doit seruir pour tous les actes où ils parlent des Roys & de leur auctorité.

De mesme trempe est la declaration pretenduë faicte par quelques vns d'entre eux le 16. Mars 1626. car elle est conceuë en termes si artificieusement agencez, que leur Aduocat au grand Conseil , qui soubs pretexte de defendre la vie du Roy, a publié ceste Apologie pour eux dont a esté parlé cy-dessus , intitulee *Gallicinium*, pretend que ceste seule piece est suffisante de faire declarer tous les Iesuites de France innocents de la doctrine abominable de *Sanctarel*, & des autres Iesuites estrangers. Voicy les propres mots de ceste declaration, comme leur Aduocat l'a fait impri-

mer au commencement de son *Galli-*
cinium.

Nous soubs-signez, declarons que nous
desaduoüons & detestons la mauuaise
doctrine contenüe dans le liure de Sanctarel, en ce qui concerne les personnes des
Rois, leur auctorité & leurs estats, aus-
quels nous recognoissons que leurs Maie-
stez releuent independemment de Dieu :
sommes prests d'espandre nostre sang &
exposer nostre vie en toutes occasions pour
la confirmation de ceste verité ; promet-
tons de soubscrire à la censure qui pourra
estre faicte de ceste pernicieuse doctrine,
par le Clergé ou la Sorbonne, & ne pro-
fesser iamais opinion ny doctrine contraire à celle qui sera tenüe en ceste matiere
par le Clergé, Vniuersitez du Royaume,
& la Sorbonne, Signé. P. Coton. Ignace
Arman. Ch. de la Tour. Iehan Suffran.
Iehan Broussault. François Garassus.
Fr. Gandillon. Dionys. Petauius. Iehan

Filleau. Eſtienne Bauny. Eſtienne Gue-
ry. Lud. le Mairat. Iacq. Sirmond. Pier-
re Royer.

P.96.

Leur Aduocat en ſon *Gallicinium*
a-il pas raiſon de s'eſcrier & demander
ce que les Ieſuites pouuoient faire da-
uantage. Comment? Ils couchent de
leur vie, ils parlent d'eſpandre leur
ſang pour maintenir la doctrine qui
enſeigne l'obeyſſance des Rois: que
peut-on deſirer d'eux apres cela? auſſi
eſt ce en verité paſſer bien auât pour
des Ieſuites. Il ne ſe trouue point
pourtant dans leur martyrologe, aucuns de leur Societé qui ayt ſouffert
martyre pour ce ſubiect, mais bien eſt
il réply de ceux qui par toute la Chreſtienté ont eſté punis pour crimes de
leze Majeſté, & attentats à la perſonne des Souuerains, & contre leurs E-
ſtats: leur Aduocat comme vn autre
Zeuxis, s'eſt laiſſé tromper en cela par

le voile de ces Parrhaſes.

Leuons ce voile & examinons ceſte declaration & nous trouuerons,
ſoit en la forme, ſoit au fonds, que
c'eſt vne pure illuſion & tromperie,
& que Ieſuites ſont touſiours Ieſuites. Quand à la forme c'eſt vne pretenduë declaration de quatorze particuliers, qui ne prennent qualité ny
de Syndics, ou Procureurs, ne dient
point qu'ils ayent communiqué auec
leurs compagnons, & qu'ils ayent
charge d'eux de faire ceſte declaratió,
ny que ce ſoit le ſentiment commun
de tous ceux qui rempliſſent les trois
maiſons qu'ils ont à Paris qui partant
ne ſont point obligez par vn acte de
ceſte façon : encore moins nous apportent ils le conſentement & l'opinion de tous les autres eſpandus par
tous les endroits de la France. A quoy
donc peut ſeruir ceſte declaratió pour

la iuſtification des Ieſuites de France?
du moins nous deuroient-ils rapporter vne iuſtification , & approbation,
ſans æquiuoque de ceſte pretenduë
declaration , qui equipolleroit vn
pouuoir & mandement precedent:
Ils ont eu du temps & du loiſir aſſez
pour ceſt effect.

Et puis ceſte belle declaration n'eſt
ny deuant Notaires , ny baillee au
Greffe, ny receuë par aucune perſonne publique à qui on puiſſe adiouſter
foy: car s'il y en eut eu on n'eut pas
manqué d'en faire imprimer l'acte:
elle eſt ſoubs ſeing priué, dont leur
Aduocat ne certifie point auoir veu
l'original, lequel encores ſe peut ſup-
primer, changer, & alterer, toutefois
& quantes, & ainſi que bon leur ſem-
blera , meſme eſtre deſaduoüé par
ceux qu'on pretend l'auoir ſigné.

Encores parmy ceux qui l'ont ſi-

gné le nom de *d'Aubigny* ne se trouue point, qui est neantmoins vn des
principaux d'entre eux, & vn de ceux
qui furent mandez & vinrent au Parlement : il l'auroit oublié, aussi bien
que ce qui luy auoit esté declaré par
Rauaillac. Mais en recompense dans
ceste troupe d'eslite se remarque le
seing de *François Garasse*, de l'esprit
duquel ses escrits impies laissent à faire iugement. I'adiouste qu'il n'est
point dit pourquoy, ny en vertu dequoy est faicte ceste declaration, à qui
elle a esté baillee, & qui l'a publiee: car
l'Arrest qui les oblige à declarer leur
sentiment, comme il est imprimé dás
le *Gallicinium* est de date posterieure,
& ainsi par vn esprit prophetique ils
en auroient preuenu l'execution, à
dessein vray-semblablement d'em-
pescher qu'on ne leur en prescriuit
vne autre en termes precis & sans æ-

quiuoque, qu'ils n'euſſent pas peut
eſtre voulu paſſer.

Au fonds, ceſte piece n'eſt rien
qu'vn voile, vn broüillas eſpais & vn
deſguiſement de leur abominable doctrine, cachée & enueloppee ſoubs
l'ambiguité de ſes paroles.

Ils dient donc qu'ils deſaduoüent
la mauuaiſe doctrine contenuë dans
le liure de *Sanctarel*, en ce qui concerne la perſonne des Roys, &c.

Premierement eſt à remarquer qu'ils
ont grand peur de noircir trop ceſte
doctrine, ſe contentants de la quali-
fier ſimplement mauuaiſe, au lieu que
la Sorbone & les Vniuerſitez de Frá-
ce l'ont declaree *erronee, heretique, con-*
traire à la parole de Dieu, & induiſant
les ſubiets à attenter à la vie de leur
Prince, &c. Ainſi le feu *Pere Coton* parlant du Ieſuite *Mariana*, dit qué c'e-
ſtoit vne plume eſforee, & leur Apologie

logie n'agueres faicte foubs le nom de *Pelletier* parlant de *l'Admonitio*, fe contente de dire que c'eftoit vn libelle où il y auoit certes des chofes contre l'honneur de la France : ainfi le Decret du General *Aquauiua* de l'an 1610. cy deffus examiné porte fimplement qu'il n'eft pas licite de dire, qu'il foit permis à chacun de tuer les Roys, au lieu que la Sorbone auoit dit par fa Cenfure, que c'eftoit chofe feditieufe, impie, & heretique.

Encores pour bien faire deuoient ils ce femble, parler fpecifiquement & dire, *Nous deteftons la doctrine de Sanctarel contenuë es 30 & 31. chap.* dautant qu'és autres endroits de ce liure il y a beaucoup de mauuaife doctrine, non feulement contre les Roys, mais pleine d'ordure, & qui eft vniuerfellement blafmee & cōdamnee de tout le monde, Car comme il

Valer.
Max.

a esté dit par vn ancien Romain, *eum qui venerari Principes nesciret in quodlibet facinus procursurum*, c'est à dire, que celuy qui manque au respect deu aux Princes, tombe aisement en toute sorte de meschanceté : aussi est il arriué que Sanctarel apres auoir violé ce qui est de l'honneur deu aux Princes souuerains, s'est laissé aller à la publication de tout plein d'autres siennes conceptions, si sales & si vilaines, que l'esprit nó seulement d'vn François, mais d'aucun Chrestien, n'en est susceptible, lesquelles ie veux croire que les Iesuites blasment en effect.

Or la grande fourbe & la malice raffinee qui est en ceste declaration, & en tous les autres actes & escrits qui partent de la main des Iesuites, est cachee soubs l'ambiguité de ces mots, *Roys*, *Auctorité*, & *Temporel des Roys, Superieurs, Subiets, Auctorité priuee.* Car comme il a esté remarqué cy-dessus, ils n'enseignent pas d'attenter indifferemment à la personne des Roys, ie veux dire de ceux qu'ils tiennent pour Roys, ou Roys legitimes; mais ils ne tiennent point pour Roys, ny ceux qui ont esté ouuertement excommuniez, declarez descheus & priuez de leur Couronne, & leurs subiets absouts par la Cour de Rome de la fidelité qu'ils doiuent à leurs Princes, non plus que ceux qui ont esté condamnez par iugement secret de l'Inquisition, dont l'execution se faict par la main des croisez secrets, l'esprit desquels les Iesuites ont la commission de mesnager & disposer, & sont particulierement deuoüez à ce ministere: car telle sorte de Princes par la doctrine Iesuitique, cessent d'estre Roys, &

g ij

deuiennent non feulement particuliers, mais tyrans & criminels, & ainfi par leur euafion mentale quand
ils enfeignent d'attenter contre des
Princes de cefte qualité. Ils ne laiffent
pas d'affeurer effrontement qu'ils
n'enfeignent point aux fubiets d'attenter à la perfonne de leurs Roys,
puifque à leur mauuais fens, les vns
ne font plus Roys non plus que les
autres fubiects.

Mais qui leur demanderoit s'ils
tenoiét pour Roy Henry III. d'heu-
reufe memoire, depuis fon excom-
munication publiee à Rome, & au
temps qu'il fut affafliné par frere Iacques Clement Iacobin : & s'ils tenoient pour Roy Henry IIII. fon
fucceffeur, depuis qu'eftant encores
Roy de Nauarre il fut excommunié
en Cour de Rome, fon Royaume
mis en interdit & expofé en proye,

luy declaré priué d'iceluy, & de toutes autres Couronnes & Seigneuries
qui luy pourroient escheoir : & depuis quand estant paruenu à la Couronne de France *Gregoire XIV*. en-
uoya ses Bulles en France pour en-
ioindre à tous ses subiets tant Ecclesiastiques qu'autres qui l'assistoient
comme leur Roy legitime, de l'aban-
donner comme excommunié, & le
poursuiure comme ennemy, lesquelles furent publiees dans Paris en l'E-
glise Nostre Dame auec grand appa-
rat, en presence de tesmoins choisis
& triez parmy les plus engagez dans
la rebellion & la reuolte.

Et qui leur demanderoit encores
s'ils le tenoient pour Roy lors que
Barriere incité par le *Iesuite Varade*
voulut entreprendre sur sa vie : &
quand *Chastel leur escholier* le blessa
d'vn coup de cousteau au visage : &

g iij

en fin quand ce monſtre dernier, qui
auoit communiqué ſon deſſein au
Ieſuite d'Aubigny accomplit le meſ-
chef que tant d'autres croiſez ſecrets
auoient entrepris & manqué d'executer ? Ie ſuis aſſeuré qu'ils ſe trouue-
roient merueilleuſement preſſez &
empeſchez.

    Quand il n'y auroit autre cauilla-
tion & tromperie en leurs paroles,
ſinon en ce qu'ils tiennent & enſeignent, que non ſeulement les Preſtres, mais toute ſorte d'Eccleſiaſtiques, voire ſimples Clercs tonſurez,
ne ſont point ſubiets des Roys dans
les terres deſquels ils viuent, ains de
leurs ſuperieurs Eccleſiaſtiques & du
Pape comme leur ſouuerain : cela
n'eſt il pas ſuffiſant pour nous em-
peſcher de nous fier à eux, quand ils
dient qu'ils n'enſeignent aux ſubiets
d'attenter à leurs Roys. Car de là

Bellarm.
tract. de
Pot. Pa-
pæ p.155.
Eman.
Sa. en ſes
Aph. ſur
le mot
Clericus.
Ricbeo.
en ſon
exam. de
l'Antico-
tó p.258.

s'enfuit neceſſairement que ſi vn Ieſuite, ou quelque autre Eccleſiaſtique François & reſidant en Frante
enſeigne, ou entreprend luy meſme
ſur la vie du Roy de France, n'eſtant
point ſon ſubiect, il n'aura ny entrepris, ny enſeigné contre la vie de ſon
Roy, & n'aura point commis felo-
nie & crime de leze Majeſté. Ceſte
doctrine, à dire vray, eſt d'vne eſtrange conſequence.

Et quand ils nous crient qu'il
n'appartient pas à vne perſonne priuee, à aucun de ſon auctorité priuee
de machiner contre la vie & l'Eſtat
des Roys, quoy que meſchans & tyrans, ne nous croyent ils pas bien
groſſiers s'ils penſent nous tromper
de ceſte baye : car nous ſçauons bien
que leur doctrine n'eſt pas qu'vn
particulier puiſſe par ſon aduis ſeul,
& de ſon auctorité priuee, attenter

contre les Souuerains, mais qu'il faut que les Princes ſoient condamnez auparauant par l'auctorité de Cour de Rome, ou autre, ſelon les voyes traictees dans le *Directoire des Inqui-ſiteurs.*

Or apres auoir declaré ſoubs ces æquiuoques qu'ils deſaduoüent & deteſtent la mauuaiſe doctrine de *Sanctarel* en ce qui concerne la per-ſonne des Roys, leur auctorité, & leurs Eſtats, ils adiouſtent *auſquels nous recognoiſſons que leurs Maieſtez releuent independemment de Dieu.* Voila certes vn eſtrange galimatias auquel il n'y a point de ſens du tout, ou bien il y a quelque maligne ſoubs-entente cachee dans l'embaras de ces parolles, qui contient tout le contrai-re de ce qu'en apparence ils ſemblent dire. Et en effect examinons les tant que nous voudrons, ie croy qu'il n'eſt

pas

pas poſſible de leur donner vne autre interpretation, ny en tirer vne autre intelligence, ſinon que releuer independemment de Dieu, c'eſt ne
point releuer de Dieu : car qui releue
de quelqu'vn depend de luy, donc en
releuer independemment c'eſt n'en
point dependre & n'en point releuer,
qui eſt ce qu'és eſcholes l'on appelle
contrarium in eodem ſubiecto, & qui
implique vne contradiction de deux
termes qui ne peuuent eſtre enſemble veritables. Il n'appartient qu'à
ceux de ceſte Societé de parler en ceſte ſorte, & d'vne meſme prononciation affermer deux choſes entieremét
contraires, & par ceſt enueloppement
tromper l'eſprit de ceux auec leſquels
ils traictent: ainſi faiſoit le Diable entre les Payens par ſes oracles trom-
peurs, *Aio te Æacida Romanos vincere
poſſe*. Or en telles matieres dont nous

h

traictons il ne faut point parler entré
ses dents, il faut parler nettement, clairement, & intelligiblement : au lieu
de ce mot de leur creu independemment, la langue Françoise leur en
fournissoit quantité d'autres tres-pro-
pres pour se bien expliquer, *nuëment,*
seulement, absolument, de Dieu seul, im-
mediatemēt: mais ces termes sont trop
intelligibles, & pour cela ils les ont
malicieusement euitez.

Et puis il se faut ressouuenir que
quand ils confessent que les Roys ré-
leuent de Dieu en leurs Estats, & en
ce qui est de leur temporel, ils se reser-
uent tousiours leur eschape (*tandis*
qu'ils sont Roys, tandis qu'ils ont des E-
stats & du temporel : mais depuis
qu'ils en ont esté priuez & despoüil-
lez par iugement de Cour de Rome,
ils n'ont plus d'Estat, plus de subiets,
plus de temporel, & ainsi ne les peu-

uent plus releuer de Dieu.

Ils se pensent encores sauuer par vne bien malicieuse euasion : car quãd ils dient que les Roys releuent de Dieu, & qu'il est seul leur Iuge, ils l'entendent à l'esgard des autres Roys de la terre, lesquels ne dependent point les vns des autres, & n'ont point de iurisdiction les vns sur les autres: mais à l'esgard du Pape ils en croyent bien autrement (comme il sera clairement iustifié par les passages de *Bellarmin* & *Richeome* cy apres cottez) d'autant disent-ils, que Dieu qui s'est reserué ce pouuoir & iurisdiction sur les Souuerains, ayant estably le Pape son Vicaire & son Lieutenant en terre, auec puissance de lier & deslier, & Monarque *in vniuersâ Repub. Christianâ*, En laquelle les Rois ne sont que *tanquam minima ex ouiculis*, il luy a donné toute Iurisdiction sur tous les subiects de

cefte Monarchie, de quelle qualité
qu'ils foient, & pouuoir tant fur les
chofes temporelles que fpirituelles,
du moins indirectement fur les temporelles : fi bien que quand les Iefuites confeffent que les Roys dependent de Dieu feul, ils entendent qu'ils
releuent & dependent du Pape qui a
le pouuoir delegué de Dieu, & que le
Pape eft leur Iuge comme fon Lieutenant, & ainfi à leur mode & à leur fens
dependre & releuer de Dieu, c'eft releuer & dependre du Pape, & par vne
conuerfion de termes dependre & releuer du Pape, c'eft dependre de Dieu.

Mais c'eft mal interpreter, & tres-
mal executer le Vicariat & la commif-
fion de noftre Seigneur Iefus-Chrift,
Pafce oues meas, *Pay mes brebis*, que le
deuot S.Bernard appelle *falutare man-*
datum Domini, & en exceder les termes & les bornes bien au delà de la

c 3 l. 4
de côfid.

raiſon & de l'intention du Sauueur du
monde dont elle eſt emanee. Luy qui
a voulu deſarmer S. Pierre du glaiue
materiel, luy lier les mains & luy inter-
dire l'vſage de ſon propre couſteau
qu'il auoit apporté du monde à la ſuite du Sauueur, *Mitte gladium tuum in
vaginam* : auant que luy mettre en la
bouche le couſteau à deux tranchans
de ſa ſainĉte parole, duquel les ames
vne fois entamees reçoiuent au lieu de
la mort, la vie & le ſalut eternel, & dót
le bien-heureux S. Pierre ſceut ſi dex-
trement ſe ſeruir, qu'au premier coup
qu'il en tira, à la premiere predication
qu'il ſit, il conuertit & reduiſit à la cognoiſſance & au ſeruice de Ieſus-
Chriſt trois mille ames, qui auparauant viuoient ſoubs la tyrannie de
Sathan : & en ſuitte tous les Apoſtres
par la vertu admirable de ce couſteau
de la parole, ont eſtendu le Royaume

Act. A-poſt. ch. 2.

de Dieu par toute la terre habitable,&
y ont eſtably la Loy de ſon fils Ieſus-
Chriſt. Et c'eſt pourquoy le meſme S.
Bernard crie au Pape Eugene I I I. *ag-
gredere eos , ſed verbo non ferro. Quid tu
denuo vſurpare gladium tentas , quem
ſemel iuſſus es ponere?* Et c'eſt la meſme
leçon que Ieſus-Chriſt fit à ſes Apoſtres qui luy preſentoient deux cou-
Lucæ
c. 22.
steaux, quand il leur dit, *Satis eſt,* C'eſt
aſſez; leur voulant faire entendre ſe-
Côment
in c. 22.
Luc.
lon le grand S. Ambroiſe, que iuſques
alors il leur auoit eſté permis d'vſer du
couſteau materiel, mais que deſormais
par la Loy Euangelique, ceſte permiſſion ceſſoit & l'vſage leur en eſtoit interdit, *Quaſi licuerit vſque ad Euange-
lium*. C'eſt pourquoy la reſuerie du
Cardinal Baronius interpretant la vi-
ſion de S. Pierre dans les Actes des A-
poſtres ch. 1 o. *Occide eſt manduca,* a eſté
iugee autant inepte & ridicule, que

fauſſe & malicieuſe.

On pourroit adiouſter pour la cõ-
firmation de ceſte verité tout plain
d'auctoritez, & de l'Eſcriture ſaincte
& des Peres, auec vn nombre infiny
de raiſons excellentes: mais ce diſcours
nous porteroit trop loing, il faut re-
prendre noſtre fil.

Encores ny a-il rien de gaſté, les Ieſuites peuuent reparer aiſément leur
faute: ils ſe ſont obligez par ceſte pro-
teſtation de ſoubſcrire la Cenſure qui
pourra eſtre faicte de ceſte pernicieuſe
doctrine, par le Clergé, ou la Sorbone, & ne profeſſer iamais opinion ny
doctrine contraire à celle qui ſera te-
nuë en ceſte matiere par ledit Clergé,
Vniuerſitez de France & Sorbone, ils
peuuent encores auiourd'huy accom-
plir & executer ce qu'ils ont promis.

Mais la malice qui eſt en ces paroles pleines de caption, nous fait iuger

auec ce qui a fuiuy , qu'il n'y eut iamais de fincerité & de bonne foy en
leur intention.

Car premierement quand ils parlent de condemnation qui pourra e-
ftre faicte de cefte doctrine, ils femblent reuoquer en doubte celle qui en
a defia tant de fois efté faicte, tant par
les Cenfures de Sorbone, que par celle du Clergé contre l'*Admonitio* & *le*
Myſteria politica.

Et puis il y a encores vne autre
grande malignité en ces mots, *Cenſure*
qui pourra eſtre faicte par la Sorbone:qui
confifte en ce que l'on fçait qu'ils ont
fouftenu que la Sorbone ne pouuoit,
& ne luy appartenoit point de dire
fon aduis & donner fa Cenfure do-
ctrinale fur telles matieres, eux qui
s'en font mocquez & qui ont faict ef-
crire dés y a long temps par *Salier Ie-*
ſuite, que *Decreta Sorbonæ non tranſeüt*
ſequanam:

sequanam : ainsi quand ils protestent de soubscrire la Censure qui pourra estre faicte par la Sorbone, croyants que la Sorbone n'en a pas le pouuoir, ils ne se tiennent point obligez par cest æquiuoque à la soubscription de la Censure des 1. & 4. Auril 1626. pretendant que ceste Censure est nulle de la plus grande nullité qui soit, cóme faicte par gens qui n'ont point de pouuoir, parce que par la regle ordinaire il n'y a point plus grand defaut que de puissance : & de faict la Cen-sure de la Faculté de Theologie ayant esté depuis si celebrement resoluë & publiee en Sorbone, suiuie & embrassee de toutes les Vniuersitez; ou est l'execution de ceste belle protesta-tion ? en quel deuoir se sont-ils mis de la soufcrire ? pourquoy ne l'ont-ils pas faict ? & quelles excuses seulemét en apportent ils? au contraire le scan-

dale a esté si grand & si public des factions, des violences, & des mauuaises practiques dont ils ont vsé pour
renuerser, ou eneruer ceste saincte
Censure, qu'il a fallu que le Parlement y ait mis la main, & ordonné
qu'il en feroit informé.

Pag. 69. Apres cela ie laisse à iuger si leur
Aduocat en son *Gallicinium* a grand
subiet de s'escrier, & demander ce
qu'ils pouuoient faire d'auátage : car
moy ie demande ce qu'ils pouuoient
faire moins, voire ce qu'ils pouuoiét
faire de pis ? Neantmoins pour le
contenter, & luy monstrer que quád
il ferme les yeux à la lumiere, le reste
des hommes ne laisse pas de voir
clair, ie luy responds, ils pouuoient
faire ce que luy mesme asseure au
mesme endroit que plusieurs d'entre eux estoient prests à executer, qui
est de condamner & detester par es-

cripts contraires la pernicieuſe doctrine de Sanctarel: ils pouuoient faire encore ce à quoy par leur proteſta-
tion ils ſe ſont obligez, qui eſt de ſou-
ſcrire & ſoubſigner la Cenſure de
Sorbone contre Sanctarel : ils pouuoient faire ce à quoy les oblige l'Arreſt du 17. mars 1626. par lequel tous
les Ieſuites de Paris, tant Preſtres qu'-
Eſcholiers ſont condamnez ſoubſigner la Cenſure faite en Sorbone, le
1. Decembre 1625. côtre l'*Admonitio*,
à ceſte fin que leur Prouincial les aſ-
ſembleroit dans trois iours, & outre
ce bailler acte au Greffe, par lequel ils
deſaduoüeroient & deteſteroient le
liure de Sanctarel : ils ſont encores
condamnez par le meſme Arreſt de
rapporter au Greffe dans deux mois
pareils actes de tous les Prouinciaux
& Recteurs, & de ſix anciens de chacun des Colleges de leur Societé qui

font en France : contenant l'approbation de la Cenſure de Sorbone, &
deſadueu du liure de Sanctarel : il eſt
encore ordonné que le Prouincial &
Preſtres deſdits Colleges commettoient deux d'entre eux pour au nom
de leur Compagnie eſcrire dans hui-
ctaine, & rapporter au Greffe dans
ledit temps ledit eſcript, contenant
maximes & doctrine contraire à celle de Sanctarel, à faute de ce faire
dans ledit temps iceluy paſſé ſeroit
procedé contre eux comme criminels de leze Majeſté, & perturbateurs
du repos public.

Ils deuoient ſuiure ce chemin là
qu'on leur auoit enioint de tenir, &
executer ce ſage Arreſt de poinct en
poinct, pour nous faire croire que les
Ieſuites qui ſont en France, ne ſont
point infectez de la venimeuſe doctrine du reſte de leur Societé.

Mais ce ne fut iamais leur deſſein, car au lieu d'executer ceſt Arreſt : ils ont trouué des moyens violents & extraordinaires pour arreſter le cours de ceſte legitime procedure : Auſſi ſe ſentoient-ils tellement preſſez par là, que leur Aduocat qui a fait impri-mer leur Apologie ſoubs le tiltre de *Gallicinium* , dont nous auons deſia pluſieurs fois parlé, ne s'eſt pas ſeulement contenté de changer & broüiller les dattes des Arreſts qu'il y rap-porta, mais a obmis entierement la datte de cettuy-cy, & ſi la falſifié en retranchant tout ce qui a eſté cy-deſ-ſus rapporté. Suppoſer ou alterer quelque acte ſoubs ſeing priué, il ſe-roit non pas pardonnable, mais bien ſeroit-il moins groſſier : mais de falſi-fier vn Arreſt, & le tronquer, qui eſt vn acte non ſeulement public, mais ſacroſainct, donne ſubiect à tous les gens de bien de ſe défier en tout le reſte de la foy de ceux qui commettent ſi effrontement telles actions.

I'adiouſte que s'ils euſſent eſté de bonne volonté enuers le Roy & l'Eſtat, ils y pouuoient & deuoient encherir par deſſus l'Arreſt, & pourſuiure eux meſmes la condamnation de Sanctarel & autres Ieſuites qui ont eſcrit ſemblables hereſies : ne l'ayant point fait, au contraire ayant confeſſé qu'ils en auoient receu des exemplaires auant que cela fut public, mais qu'ils les auoient ſupprimez; qui ne croira qu'ils preſtent leur cóſentement à ceſte ſorte d'eſcripts, & en meſnagent la publication ſuiuant le mandement de leur General ou le temps qui court.

Et cet argument eſt de tres-grande efficace pour leur cóuiction, puiſqu'vn de leurs confreres *Garraſſe*, en

la preface de sa doctrine furieuse, s'en
est seruy pour tascher à conuaincre
Theophile son ennemy particulier
d'estre autheur des meschants escrits
qu'on luy imputoit, & qu'il preten-
doit auoir esté supposez soubs son
nom. Voicy ce qu'il en dit, *Et quand
au sieur Theophile qu'il sçache que quãd
il aura plus viuement poursuiuy les Im-
primeurs qu'il dit auoir pardonnez, &
que ie dits qu'en chose si importante, &
en la cause de Dieu, il deuoit auoir faict
condamner pour tout a fait se retirer du
soupçon trop vray-semblable qu'il est autheur des abominations qu'ils luy attri-
buent: quand il aura fait publiquement
brusler non seulement le Parnasse Saty-
rique, boutique de toute saleté & impieté, qui porte son nom en teste, mais encore
la seconde partie de ses œuures, liure auquel feignant de desaduoüer ce qu'on luy
met sus, il le confirme trop clairement par*

vn grand nomdre de propositions indi-
gnes d'vne plume Chrestienne : quand il
se sera purgé deuant CE GRAND ET AV-
GVSTE PARLEMENT *, qui a decreté*
prise de corps contre luy, & qui l'a fait
crier à trois briefs iours pour ce subiect :
En fin quand il se sera laué entierement,
& monstré par vn veritable amende-
ment tout autre qu'il n'est à present, ce
sera pour lors que faisant part au publi-
que de sa penitence, ie me seruiray de
son exemple, pour exhorter efficacement
ses semblables à suiure en vn si honora-
ble chemin celuy qu'ils ont imité en vne
façon de viure & d'escrire, si abomi-
nable.

Voila, Messieurs, la leçon que vous
fait vn de vos freres Iesuites, qui a
tant fait parler de luy dans Paris, mais
voila vostre procez qu'il vous fait : Ce
qu'il desiroit de Theophile pour le
faire declarer innocent, tous les gens
de

de bien le deſirent de vous ; ſi vous y manquez, ne vous peut on pas auec verité prononcer conuaincus par la bouche meſme de ceux de voſtre Societé.

Quoy ? en vne choſe de telle con-
ſequence, où il y va de l'honneur de Dieu, de la verité de la Religion , & ou les voſtres nous donnent les aſſaſ-
ſinats pour articles de foy , où il s'a-
giſt de la ſeureté de la vie du Roy , & de la ſubuerſion des Eſtats, vous eſtes ſi froids & ſi nonchalans, vous qui pour vanger vos iniures particulieres iettez feu & flammes, & remuer Ciel & terre : cela certainement monſtre bien ce que vous auez dans le fonds de l'ame.

Auſſi comment ſeroit-il poſſible de faire croire à ceux qui ont tant ſoit peu de iugemènt , que les Ieſuites euſſent fait ceſte declaratió ſans æqui-

k

uoques, & du bon du cœur? Puifque elle feroit directement contraire
au vœu que chacun d'eux fait d'obeïr
à leur General, *non folum in rebus obli-
gatoriis, fed etiam in aliis, licet nihil
aliud quam fignum voluntatis fuperio-
ris fine vllo expreffo præcepto videretur,
ad eius vocem perinde ac fi à Chrifto
Domino egrederetur*, & cela, *cæcâ obe-
dientiâ tanquam cadauera, tanquam
baculi :* c'eft à dire, non feulement aux
chofes obligatoires : mais auffi aux
autres, encores qu'ils ne voyent rien
qu'vn figne de la volonté de leur Superieur, fans cómandement expres,
& à fa parole, de mefme que fi elle
fortoit de la bouche de noftre Seigneur Iefus-Chrift, & cela par vne
obeïffance aueugle, comme corps
morts ou comme vn bafton. Ce font
les propres termes tirez du Chapitre
1. de la fixiefme partie de leurs confti-

tutions imprimées à Rome en 1538.
Vœu qu'ils obſeruent trop religieu-
ſement, & pour la tranſgreſſion duquel ils ſeroient punis plus ſeueremét
que pour toute autre choſe , qu'ils
pourroient commettre.

Or *Mutio Vitelefchi* leur General
a approuué & autoriſé le liure *de San-*
ctarel , apres qu'il a eſté examiné par
trois autres de leur Societé , comme
il paroiſt par l'Approbation qui eſt
en teſte du liure : donc qu'elle apparence que ces quatorze particuliers
nommez en ceſte Declaration ayent
oſé ou voulu profeſſer , & proteſter
vne doctrine contraire à celle de Sanctarel? Mais ils n'auront pas grand
peine à s'en excuſer vers leur General, qui recognoiſtra aiſement par les
æquiuoques dont ceſte piece eſt tiſſuë, qu'ils n'ont rien fait de contraire
à la doctrine de Sanctarel & autres

Iesuites, ny à l'intention & deſſein de leur chef, protecteur de ceſte mauuaiſe doctrine.

1626.
La do-
ctrine
des R.
Peres Ie-
ſuites.
ect.

En ſuitte de ceſte Declaration, & pour faire d'autant plus forte impreſſion dans l'eſprit des François en faueur des Ieſuites, & dans leur grande malice les faire paroiſtre innocens, on a veu courir en ceſte meſme année 1626. vn certain petit eſcript qui eſt le quatrieſme & dernier des actes que nous auons entrepris d'examiner intitulé *la doctrine des R. Peres de la Compagnie de Ieſus, touchant le temporel des Roys conformes aux SS. Conciles, & decrets des Papes.* Cét eſcrit qui n'eſtoit au commencement qu'vne feuille volante, a depuis eſté reimprimé auec Priuilege, & inſeré par leur Aduocat dans ſon *Gallicinium*, qui n'eſt qu'vne Apologie toute pure des Ieſuites feignant defendre la souueraineté du Roy.

Tous les gens de bien s'attendoiét à la lecture de ce tiltre specieux, de trouuer dans le corps de l'escript vne abiuration de leur heresie assassine, vne profession de foy conforme à la creance de l'Eglise Catholique Apostolique & Romaine, aux Censures du Clergé, & de la Sorbone, aux decrets des Vniuersitez de France, aux Arrests du Parlement, & à leur propre protestation qui les oblige de les souscrire & s'y conformer entierement.

Mais au lieu de cela il se trouue deux ou trois passages du Iesuite *Richeome* pris de la plainte Apologetique par luy pretenduë, addressée au feu Roy Henry le Grand, d'heureuse memoire, en 1598. imprimée en 1603. auec vn passage de la Requeste par eux presentée au mesme Roy en la

mefme année, & reimprimée pareil-
lement en 1603. & quelques perio-
des de la refponfe à l'Anticoton com-
pofée par vn autre Iefuite en 1611.

Or par ces paffages ces deux Iefuites efcriuent que iamais perfonne
ne douta que les Rois Chreftiens ne
fuffent fouuerains en leurs Royau-
mes, que Dieu-commande d'hono-
rer les Rois, & qu'il n'eft pas permis
à aucune *perfonne priuée* de cognoiftre fi le Prince regne legitimement
ou non : & par le dernier de ces paffages, ils veulent faire croire que les
Iefuites ne fe meflent point des affaire d'Eftat. Voila dequoy eft compo-
fé tout ce corps qui a vne fi belle face,
& vne fi fpecieufe apparence.

Grande merueille certes, & les
Rois de la terre font bien obligez à la
reuerence des Iefuites de ce qu'eftant
quinze ou feize mille au monde

comme ils publient, il s'en eſt trouué deux d'entre eux qui ſe ſont relaſchez iuſques là, que d'eſcrire que les Rois ſont ſouuerains, & qu'il leur faut porter honneur & obeïſſance.

Cela fait ſouuenir de ce qui eſt eſ- Chap. 19 cript dans la Geneſe, que quád Dieu eut arreſté de faire pleuuoir le ſoulphre & le feu du Ciel ſur les villes de Sodome, & Gomorrhe, & les faire abiſmer pour punition des crimes horribles qui s'y commettoient, il promit à Abraham, que ſi il ſe pouuoit trouuer ſeulement dix hommes innocens parmy ce mal-heureux peuple, qu'il retracteroit l'Arreſt que ſa Iuſtice diuine auoit prononcé contre les habitans de ces lieux abominables.

Les Ieſuites en veulent eſtre quittes à bien meilleur marché, car pour ſe garantir de la condamnation infa-

mante, que toute la Chreſtienté pro-
nonce contre eux , & de la haïne publique qu'ils ont encouruë pour leur
deteſtable doctrine , ils nous liurent
deux hommes d'entre eux, qu'ils pre-
tendent n'eſtre point gaſtez de ces
peſtilentieuſes opinions, dont ils có-
feſſent que tout le reſte de leur ordre
eſt infecté : ſoubs ombre que ces
deux ont eſcrit qu'il faut porter honneur aux Rois comme ſouuerains, &
leur obeïr.

Or pour monſtrer au contraire
que ceſte hereſie aſſaſſine eſt la creance commune de toute leur Societé
on pourroit faire icy vne longue li-
ſte, & vne ample deduction de tous
les Autheurs Ieſuites , qui depuis
vingt-cinq ans en ça , ſans remonter
plus haut, ont publié ceſte doctrine
enragée pour Orthodoxe , & les aſ-
ſaſſinats pour articles de foy.

Mais

Mais leur Aduocat qui confeſſe franchement en ſon *Gallicinium*, & principalement és p. 96. & 106. que les Ieſuites eſtrangers ſont aſſerteurs de ceſte diabolique creance, nous releue de peine de luy en compter plus de trente, qui en ont ſoüillé le papier pour taſcher d'en infecter les eſprits.

Il eſt en cela de meilleure foy que le feu *P. Coton* en ſa lettre declaratoire addreſſée à la Royne mere du Roy en 1610. lequel nous cite effrontement pour Autheurs Orthodoxes de leur Societé, touchant l'obeïſſance des Rois les Cardinaux de *Toled & Bellarmin, Gregoire de Valence, Alphonſe Salmeron, Martin Delrio, Sebaſtien Heiſſius, Martin Becanus, Iacques Gretſerus, Leonardus Leiſſius, Nicolas Serrier, Iean Azor, & Lois Richeaume* : tous leſquels au contraire ont esté les trompettes de la doctrine assassine, & les liures d'aucuns desquels ont esté pour ce subiet Censurez, condamnez, & bruslez.

Cét Aduocat deuoit adiouster ce que les Iesuites respondirent à Monsieur le premier President de Verdun en 1611. en la cause de l'Vniuersité, qu'ils ont vn Statut qui les oblige de s'accommoder à la creance des lieux où ils sont demourants : & que comme les estrágers embrassent la creance des lieux où ils font residence, aussi les François s'accommodent à ce que l'on croit en France.

Mais ces defenses là font non seulement tres-foibles, voire fausses, mais tres-honteuses à eux, & à tous les Princes souuerains tres-dangereuses : car c'est vne chose bien honteuse, & vne tache bien noire à tout cét ordre espandu, comme ils dient

par toute la terre, de confeſſer qu'il
ſoit quaſi entieremét infecté du poi-
ſon de ceſte venimeuſe doctrine, &
qu'il n'y ayt que la moindre partie
d'entre eux, les ſeuls reſidants en Fra-
ce qui n'en ſont point entachez, &
au bout pour toute preuue on ne
nous parle que de deux Ieſuites François.

Or comment peut-il tomber ſouz
le ſens que les Ieſuites qui rendent à
leur General vne obeïſſance ſi ſer-
uile, & qui ſont entre eux en toute autre choſe en vne ſi eſtroite intelligence, ſe ſoient diſtraits en ce
ſeul article de la commune creance
de tout leur ordre ? Et comment ſe
peut-on imaginer que ces gens qui
ont par lettres & par toutes ſortes
d'aduis, vne ſi grande communica-
tion de tous leurs deſſeins, & vne telle correſpondance auec les eſtran-

gers , en cela feulement foient de mauuaifes intelligence ? Et comme ils vont & viennent perpetuellemét parmy le monde, de France en Hef-pagne, Italie, Allemagne, & autres lieux où ils ont leurs maifons empe-ftées de ce poifon, & de tous ces lieux reuiennent en France : quand vne fois ils auront appris parmy leurs Compagnons eftrangers, que c'eft vn article de foy, *que le Pape peut de-pofer les Rois, adfoudre les fubiets de la fidelité qu'ils leurs doiuent, leur faire ou faire faire leur procez, les condamner à mort, & les expofer pour l'execution au couteau des croifez fecrets, & du premier efprit melancholique ou phrenetique qui fe laiffera fuborner foubs promeffe & af-feurance degaigner par ce moyen Para-dis , ou autre recompenfe :* Croirons-nous que ces gens-là en repaffant la mer, ou les monts, pour reuenir en

France, en changeant d'air changent aussi de foy & de creance, & se hazardent d'encourir la damnation eternelle, se departant de ceste opinion dont ils auront esté imbus comme article de foy? (car on sçait assez que qui erre en la foy ne peut estre sauué) ou bien si actuellement ils le font, quel iugement deuons nous faire de telles gens dont la foy & la creance en la religion est si peu asseurée, qu'ils changent d'autant de Religion que de pais ; sinon que, qui a tant de Religions n'en a point du tout, & que ce sont vrays Protees & Cameleons?

Aussi certes ne font-ils pas, & font en cela aussi bien qu'en autres choses de tres-bonne intelligence auec les Iesuites estrangers : mais la difference qu'il y a entre eux, c'est que ce dót les estrangers font profession ouuer-

te, ceux de France l'enseignent finement suiuant l'aduertissement de
leur General, & en procurent en ca-
chette traistreusement l'execution.

De là vient qu'il ne s'est quasi
point descouuert d'assassinats en Frá-
ce, que les Iesuites ny ayét esté meslez
bien auant, *Barriere* consulta & se có-
fessa à *Varade Iesuite*: *Chastel* auoit
esté leur escholier instruit par *Gueret*
& Guignard Iesuites: *Rauaillac* auoit
cósulté le *Pere d'Aubigny* de son malheureux dessein, qui nous laisse vn
bien long souuenir comme à luy vne
bien volontaire oubliance.

Et n'aguieres *Ambroise Guyot Ie-*
suite par vne violence enorme faite
aux loix du Royaume, tiré d'entre les
mains de la Iustice, pour le garentir
de la punition du diabolique conseil
qu'il auoit donné d'attenter contre
le Roy à present regnant, le Prince

le plus affectionné à la Religion Catholique qui ait porté Couronne il y a longues années.

Aussi apprenons nous par leurs Bulles qu'ils sont particulierement deputez à ce ministere, & que leur General les enuoye, *ad prædicandam crucem & inquirendum in hæreticam prauitatem*, Pour prescher la croisade, & exercer l'inquisition contre les heretiques, & qu'apres les auoir enuoyez, il les peut reuoquer, changer, transferer, suspendre, & en substituer d'autres en leur lieu, selon qu'il le iugera à propos: & en cela certes nous les deuons tenir pour gens bien ennemis de la tranquillité, non seulement de la France: mais de tous les Estats dans lesquels ils viuent, & dangereux à la vie des souuerains qui y commandent.

Car comme ils font des articles de

Bulle de Paul 3, de l'an 1549.

foy à leur mode, auſſi iugent-ils heretiques & condamnent comme tels
qui il leur plaiſt, ſelon que leur paſ-
ſion ou leur intereſt les tranſporte.

Pour monſtrer par les effets qu'ils
s'entendent fort bien en cét article
auec les eſtrangers, auſſi bien qu'au
ſurplus de leur cabale, ie n'en veux
autre preuue que ce qui eſt dans la re-
cognoiſſance publique de toute la
France. Car pendant la Ligue dont ils
ont eſté les premiers & principaux
negotiateurs, il s'eſt trouué quaſi parmy tous les ordres de Religieux reſidants en France, des perſonnes qu'vn
zele indiſcret auoit emportez & dót
la ſimplicité auoit eſté débauchée par
la malice des eſtrangers, en telle ſorte qu'ils s'eſtoient laiſſez aller à la de-
ſobeïſſance, & à la rebellion contre
leur Prince naturel & legitime : mais
auſſi s'eſt-il trouué parmy eux vn
bien

bien plus grand nombre, & de Religieux particuliers, & de maisons en-
tieres, qui n'ont iamais abandonné
l'affection & le seruice qu'ils estoient
tenus rendre à leur Roy, & leurs Predications ont grandement aydé à la
prosperité des armes de leur Prince,
à l'aduancement de la Iustice de sa
cause, & au repos de leur patrie.

Mais entre tous les Iesuites, vous
ne sçauriez remarquer, non pas vne
de leurs maisons, mais vn seul particulier d'entre eux, qui n'ait esté ennemy iuré public & declaré, & de la
personne du Roy, lors regnant, & de
toute la maison Royalle, & qui par
tout où ils se sont trouuez n'ait esté
cause des sousleuements, & suscité,
& entretenu le debordemét de la rebellion : en telle sorte qu'on fut contraint à Bordeaux de les chasser &
bannir de la ville pour la retenir &
conseruer en l'obeïssance du Roy. Et

m

quand ils ont escript à leur general
de cette expulsion, ils ont bien fait
paroistre le venin qu'ils auoient dans
le cœur: car le feu Roy Henry I I I.
plus Catholique que tous les Iesuites ensemble, ayant esté assassiné en
ce temps-là par la main d'vn Iacobin
suborné par ceste doctrine Iesuitique, ils en firent par leurs lettres vn
miracle, & en chanterent le trium-
phe: *Le mesme iour qu'on nous chassoit
par Edict du Roy de la ville de Bour-
deaux, le Roy a esté chassé du monde &
de la vie: mais nous estions enuoyez à S.
Machaire pour estre tous tuez (soit que le
soupçon de plusieurs soit que la renommée
l'ait fait croire) si luy seul auparauant
n'eut esté tué,* & puis allez vous y fier.

D'auantage pour faire voir clair
comme le iour qu'ils sont bien d'accord en ses maximes auec les estrangers: Considerons vn petit que depuis quelques années, & particulie-

Annuæ litteræ societ. Iesu an. 1589. Edit. Romæ in Coll. soc. Ies. 1591. tit. Collegium Burdigalense. Quo die nos regis edicto Burdigala pellebamur eo die Rex ipse qui edixerat è vita depulsus est. At nos compingebamur ad sancti Macharij, vt simul opprimeremur omnes (seu hoc suspicio multorum seu fama tulit) nisi antea oppressus ille vnus fuisses.

rement peu auparauant, & apres l'af-
faſſinat du feu Roy Henry le Grand,
les Ieſuites reſidants hors de France,
ont pris comme à taſche de publier
ceſte infernale doctrine dont nous
auons veu les horribles effets, & qui
ont eu vne longue ſuitte de toute
ſorte de mal-heurs : & neantmoins il
ne s'eſt pas trouué en France vn ſeul
Ieſuite qui ayt pris la plume pour defendre la vie de ſon Prince, la paix de
ſon pays, & la doctrine veritable de
l'Egliſe Catholique, Apoſtolique &
Romaine , encores qu'ils euſſent
l'exemple de quátité de gens de bien
tant Eccleſiaſtiques que Laïques qui
en ont fait leur plein deuoir.

Leur Aduocat en ſon *Gallicinium*
les menace bien que ſi le *Pere Coton*
ne fut point mort, il eut bien parlé à
eux, & leur eut monſtré l'erreur de
leur creance, (Dieu luy vueille par-

donner ſes fautes,) mais les morts ne
mordent plus, dit le vieil Prouerbe:
Et s'il eſtoit encore viuant ie croy
qu'il l'eut auſſi peu fait qu'il fit contre l'*Amphitheatrum honoris*, *du Ieſuite Scribanius*, encore que le feu Roy
leur bien faicteur luy eut commandé expreſſément.

Gallie
pag. 79.

Et en verité c'eſt choſe bien eſtrange que leur Aduocat confeſſe qu'ils
ont cinquante Colleges & maiſons
en France garnis de grand nombre
de Ieſuites fondez & entretenus aux
deſpens du Roy, gens qui ſe veulent
attribuer l'Empire des lettres, & l'inſtruction de la ieuneſſe, & qui taſ-
chent par toute ſorte de mauuais
moyens deſtouffer les Vniuerſitez
de France, eſquelles s'enſeigne la bó-
ne & ſaine doctrine: & neantmoins
le *Pere Coton mort*, il le faut aller de-
terrer, & ne ſe trouue pas vn ſeul Ie-

fuite, non pas mefme vn de leurs ef-
choliers qui vueille ou qui foit capable de defendre contre l'impofture
des eftrangers, la vie du Roy qui les
nourrit & entretient.

Donner à ces gés là l'inftruction &
l'education des fubiets du Roy, &
pour les eftablir ruyner les Vniuerfi-
tez qui font vn des plus beaux orne-
ments de la France, ie laiffe à iuger
s'il y a apparence.

Et certes il y a dequoy s'eftonner
comme d'vne chofe prodigieufe que
les Iefuites eftrangers attaquent fi
fouuent, & fi hardiment par leurs ef-
cripts la vie & la fouueraineté du
Roy, & que les Iefuites fes fubiets
nourris de fes bien faits ne fe met-
tent aucunement en peine de la defendre.

Cela ne fe peut attribuer à autre
caufe, qu'à vne tres-mauuaife voló té

qu'ils ont enuers le Roy & le Royaume, & à vn sentiment conforme à la
doctrine des Iesuites estrangers; &
de fait leur Aduocat mesme ne la peu
Gallic.
p. 3. & 4. dissimuler : Car il les blasme de ce
qu'estant d'ailleurs tres-fins & tres-
aduisez, neantmoins ils commettent
ceste impudence, que dans tant &
trop de liures qu'ils escriuent, ils couchent & inferent tousiours ces mauuais enseignements : Bien que par
diuerses fois ils ayent esté priez, &
leur ayt esté enioint de faire enuers
leur General, qu'il prit garde & de-
fendit que des œuures de ses sup-
ports, il ne nasquist aucune occasion
de dissension : mais (ce dit cét Aduocat pour excuse) comme les esprits
sont tres-libres, ils ne peuuent estre
arrestez ny retenus par aucune regle
de Societé & sodalité de dire & escrire ce qu'ils ont sur le cœur.

Mais ie luy demande si les Iesuites Italiens sont si libres & si hardis, que contre la pretenduë intention, & les defenses de leur General, ils ne laissent pas d'escrire tous les iours tant de mauuais liures, pour l'establissement de la doctrine assassine : d'où vient que les François sont si froids & si retenus à n'escrire point, au contraire estants fortifiez de la pretenduë volonté de leur General, & d'ailleurs assez obligez à ce faire, par la seule qualité de François, & subiects du Roy de France, & particulierement par les grands bien-faits qu'ils confessent auoir receu de sa Maiesté. Ce silence est bien criminel, & ne peut estre pris que pour vne approbation de la mauuaise doctrine du reste de leur societé, & en effect pour leur conuiction : aussi tant s'en faut qu'ils improuuent ceste malheureuse doctrine, qu'au contraire ils ont remué ciel & terre pour en empes-cher la condamnation autant de fois que l'occasion s'en est presen-tée.

Mais ce qui les rend conuaincus de mensonge, leur charge le front de honte, & leur ferme la bouche à la replique, il est bien verifié que non seulement les Iesuites estrangers ont enseigné, escrit & publié cette horri-ble doctrine, mais mesmes tous les François qui se font meslez d'en parler.

Et premierement ils ne sçauroient desnier, que tous leur College qu'ils ont à Lyon n'en soit infecté, nous en auons vn tesmoignage public si exprez de leur part qu'il ne se peut reprocher par eux'en aucune façon, tiré des lettres escrites és années 1594 & 95. aux Peres de la societé impri-

mées

mées à Naples en 1604. lesquelles le
dient tout ouuertement, en voicy les
mots au traicté intitulé. *Sociorum*
Lugdunensium proscriptio : postero &
sequentibus diebus adolescentuli gymna-
sium nostrum frequentantes indignis
modis diuexabantur mortem intenta-
to gladio & incendia minabantur ni,
faustam regi fortunam precarentur: Sed
mira in tam ACERBA *iniuria con-*
stantia puerorum fuit cum ab ijs nihil
extorquerent; NISI QVOD VNVM
IPSI DOCVERAMVS *debere vnum*
quemque Regem *suum reuereri,*
sed qui legitimus sit Rex Romani Ponti-
ficis esse declarare. Ils adiouftent pue-
rum tenerâ admodum ætate ac pene in-
fantem audiuimus ab ijs elatum in su-
blime, iussumque Regi bene comprecari,
alioquin se in subiectum ignem conie-
cturos intrepido animo respondisse; mal-
le se incendio absumi ac per summos cru-

ciatus *vitâ spoliari quam Regem vl-*
lum agnoscere quem summi Pontificis
non probasset auctoritas. C'est à dire, le
lendemain & autres iours suiuants les
ieunes enfans estudians en nostre College, estoient tourmentez d'estranges façons leur presentant l'espee on les mena-
çoit de les tuer & bruler, s'ils ne prioient
Dieu pour la prosperité du Roy : mais
merueilleuse fut la constance de ces ieunes enfans en vne iniure si aigre, veu
que l'on ne peut tirer d'eux autre chose,
QVE CE QVE NOVS LEVR
AVIONS ENSEIGNE', qu'vn
chacun deuoit respecter son Roy : mais
que c'estoit au Pape à declarer qui estoit
Roy legitime. Ils adioustent, nous
auons ouy dire qu'vn ieune adolescent de
fort bas aage, & presque enfant fut es-
leué en haut sur le feu & commandé de
prier Dieu pour le Roy, autrement qu'il
seroit ietté dedans : fit response qu'il ay-

moit mieux eſtre conſommé par le feu,
& perdre la vie par les plus cruels tour-
ments, que de recognoiſtre pour Roy, vn
qui n'euſt eſté approuué par l'auctorité
du Pape.

Peres qui vous laiſſans tromper
par le fard & l'exterieur commettez
l'inſtruction de vos enfans à des
maiſtres de telle doctrine; conſide-
rez vn peu combien vous pechez
contre Dieu, contre le Roy & la
charité enuers voſtre pays, & l'amitié que portez à vos enfans : & comme ſans y penſer, vous vous rendez
criminels & coulpables de tous les
funeſtes inconueniens qui peuuent
arriuer de ces mauuais enſeigne-
mens.

Dans les meſmes lettres, quand
ils parlent de leur banniſſement
hors la ville de Dijon, ils nous donnent aſſez à cognoiſtre ce qu'ils

auoient dans le cœur, & que tous les habitans du pays comprirent fort bien par les fignes exterieurs qu'ils leur virent faire: car voicy ce qu'ils en dient. *Cum in digreſſu ab amicis, noſtrum aliqui admotâ manu peĉtori ſinceram teſtarentur amicitiam, facere qui noſtros eo faĉto iudicare voluiſſe interpretarentur quâ parte corporis Rex petendus eſſent.* C'eſt à dire, *comme en ſe departant d'auec nos amis, quelques vns d'entre nous, mettans la main ſur leurs poiĉtrines teſmoignoient vne ſincere amitié il y en eut qui interpreterent, q*ue* les noſtres par ceſt aĉte auoient voulu monſtrer en quelle partie du corps il falloit frapper le Roy.* Ie vous prie, n'eſtce pas s'accuſer ſoy-meſme que de nous declarer de ſi noires penſees? Ie ne ſçay que vouloit dire ce miſerable & malheureux ſigne, mais nous auons veu depuis, que Rauaillac n'a pas mal visé à leur gré.

Venons à Paris, *François Gui-gnard Iefuite* qui y refidoit au Collegede Clermont, eftoit-il pas François, & ne fut-il pas puny par Arreft de l'an 1595. pour auoir composé certain liure auquel entre autres chofes il fouftenoit que le Roy Henry 3. auoit iuftement efté tué, & que fi le Roy Henry 4. lors regnant ne mouroit à la guerre, qu'il le falloit faire mourir. *Gueret* autre *Iefuite* François au mefme College, & precepteur de *Chaftel*, ne fut-il pas chaftié par Arreft pour auoir enfeigné les mefmes maximes, & fi bien imprimé en l'efprit de fon efcholier qu'il fe mit en effet de l'executer.

Le defunct P. *Coton* en fon inftitution Catholique imprimee en 1610. ne dit-il pas auffi bien que les

autres Iesuites (de verité auec quelque enueloppement de paroles) que
le Pape a puiſſance tant ſur le ſpiri-
tuel que temporel des Princes. Voicy ces mots, *l'on dit & reitere donc que*
comme le Pape ne s'attribuë aucune ſu-
periorité abſoluë (notez ce mot qui
s'accorde fort bien auec le paſſage
de Richeome que nous allons rapporter) *ſur le temporel des Princes*
Chreſtiens : ainſi la Iuriſdiction & ſu-
periorité ſpirituelle ne luy doit eſtre de-
niee, ny conſequemment l'exercice de
l'vn & de l'autre , en tout ce qui regar-
de la Religion , le ſeruice de Dieu, le bien
de l'Egliſe & le ſalut des ames ; &
d'autant que la Religion & l'Eſtat ont
vne ſi eſtroite liaiſon que le bien & le
mal de l'vn depend ſouuent de l'autre,
il faut aduoüer que quand les Papes ont
le ſoing de l'vn directement , ils l'ont
conioinctement & en quelque maniere

de l'autre, sans que pourtant il leur soit
loisible d'outrepasser les bornes qui leurs
ont esté prescriptes par celuy qu'ils re-
presentent sur terre. Ce passage com-
prend en peu dans l'embarras de ses
paroles toutes les mauuaises maximes qui ayent iamais esté écrites par
les Iesuites en ce subiect, lesquelles
il pense auoir bien cachées dans les
malicieux æquiuoques dont le tout
est composé : le venin neantmoins
se descouurira aisément à qui voudra se donner la peine de lire vn peu
attentiuement. Et *Richeome* mesme,
qui est l'vn de ces deux Iesuites François, qu'on nous liure pour vn Do-
cteur non entaché de ceste heresie,
en son examen categorique de l'An- P. 57. &
ticoton , imprimé à Bordeaux en 58.
1613. tant s'en faut qu'il desaduoüe
ceste doctrine, qu'au contraire il crie
qu'on fait tort aux Iesuites de croire

qu'elle leur foit particuliere; & que cefte doctrine eft auffi ancienne que l'Eglife Catholique , que les Docteurs Catholiques, & que les Conciles Catholiques, lefquels ont parlé & efcrit de ce fubiect comme les Iefuites en efcriuent. Eft-ce là à voftre aduis parler bon François.

Encores a-il efté fi effronté que de dédier ce liure criminel à feu M. le Chancelier, lequel par fa retenuë & douceur accouftumée le diffimula, & laiffa paffer fans chaftiment l'autheur qui luy auoit faict ce mauuais prefent.

Mais comment parle encores le mefme *Richeome* au liure intitulé *la verité defenduë*, & lequel bien qu'il ayt efté publié fous le nom de *François des Montagnes*, eft neantmoins l'ouurage de *Richeome*, & comme tel mis par le *Iefuite Ribadenira* dans le

recueil

recueil qu'il a faict des efcriuains il-
luftres de leur Societé, imprimé à
Tholofe en 1595. Ce liure nous fait
clairement cognoiftre que *Richeome*
& les autres Iefuites de France font
bien d'accord auec ceux d'Italie &
d'Efpagne & autres eftrangers , &
qu'ils fe mocquent de Dieu & des
hommes quand ils declarent qu'ils
tiennent les Roys pour Souuerains:
car voicy l'interpretation de leur æ-
quiuoque. *Tu n'auois donc que faire,* P.70.
(dit Richeome) de prouuer que les
Roys font Souuerains, & doiuent eftre
feuls Seigneurs Temporels en leur Roy-
aume, veu que le Pape comme i'ay dit
ne pretend rien en cefte Souueraineté;
SAVF à redreffer comme Pere, voire
COMME IVGE, ceux qui feroient per-
nicieux à l'Eglife: car alors non feulemét
il peut , mais il doit fe monftrer leur Su-
perieur pour leur bien & celuy du pu-

blic. CE SAVF *te met en auertin & te
fait rechigner, ſi faut-il l'aualler & confeſſer que tu n'as ny raiſon ny conſcience.*
Le paſſage du P. *Coton* n'eſt-il pas
bien eſclaircy par cettuy cy; Et n'eſtce pas la meſme choſe que le *Cardi-*
nal Bellarmin Ieſuite a eſcrit au traicté de poteſtate ſum Pontif. in temporalibus : *Rex Francorum non habet*
alium ſuperiorem , intelligamus ſermo-
nem fuiſſe de ſuperioribus temporalibus
non enim Rex vllum ſupra ſe agnoſcit
principem temporalem : ſed agnoſcit
Rom. Pontificem , principem ſpiritua-
lem qui de temporalibus , quoque in or-
dine ad ſpiritualia iudicare poteſt : C'eſt
à dire, *Le Roy de France n'a point de*
Superieur , il faut entendre de Supe-
rieurs temporels , car le Roy ne recognoiſt
aucun Prince temporel par deſſus luy :
mais il recognoiſt le Pape Prince ſpiri-
tuel qui peut iuger des choſes temporelles

par rapport aux spirituelles.

Apres cela nous penser persuader qu'il y ait quelque diuersité entre la doctrine des Iesuites Espagnols & Italiens, & celle des residents en France, c'est nous tenir bien grossiers & depourueus de iugement.

Adioustons les predications furieuses de ceux de ceste Societé qui se disoient François, pour animer & enuenimer l'esprit des croisez secrets contre le feu Roy Henry III. & Henry IV. *Commolet* Auuergnac clabaudoit en pleine chaire comme vn enragé; *il nous fault vn Aod, fut-il moine, fut-il soldat, fut-il gouiat:* demandez ce qu'il vouloit dire, & à qui il en vouloit. *Hardy* autre *Iesuite* peu auparauant l'assassinat du feu Roy crioit scandaleusement en son sermon, *qu'vn pion donnoit bien le mat à vn Roy:* sa menace insolente eut

bien-toſt ſon malheureux effet. Et
les Predications du *P. Gontier*, faites en preſence du Roy peu de iours
auant ſa mort, ne furent-elles pas ſi
ſcandaleuſes , & ne contenoient-
elles pas des menaces ſi ouuertes du
funeſte accident qui arriua incontinent apres, que le Magiſtrat en in-
forma & decreta contre luy? mais la
trop grande bonté du feu Roy arreſta le cours de ceſte legitime procedure, & la punition deuë à l'audace
de ce Ieſuite, & ayda par ce moyen
à aduancer ſon malheur: audace ſi
inſupportable qu'vn Seigneur de
qualité l'ayant oüy, dit au Roy, que
s'il auoit preſché de la ſorte dans ſon
gouuernement il ne l'eut pas porté
loing, & l'eut mis en tel eſtat qu'il
n'eut iamais preſché telles effron-
teries.

Or comme nous venons de voir

que les Iesuites par les captieux æ-
quiuoque de ces mots, *Roys*, *Supe-*
rieurs, *subiects*, *temporel*, *spirituel*, *au-*
torité & personne priuée, se ioüent &
se mocquent de ceux qui les lisent:
ils se seruent de mesmes artifices en
l'allegation qu'ils font des passages
& textes, soit de l'Escripture saincte,
soit des Peres ou des Conciles , &
generalement des escrits d'autruy:
cela se recognoist dans tous leurs liures. C'est pourquoy dans ce libelle intitulé *la doctrine des R.P.Iesuites,*
&c. que nous auons examiné, ils ont
hardiment inseré les Decrets de
quelques Conciles nationaux, qui
commandent l'obeïssance des Rois,
lesquels tant s'en faut qu'ils fassent à
l'aduantage des Iesuites, qu'au contraire les Catholiques s'en seruent
pour fondement & autorité de leur
creance. Car les paroles & l'inten-

tion de ces Conciles sont sainctes &
droites, mais les Iesuites feignants
de les approuuer, les croire & se seruir de ces saints decrets, en alleguant
les parolles se pensent sauuer par
l'application de leurs æquiuoques.

Aussi comment est-il possible de
se tromper iusques-là que de croire
que la doctrine dès Iesuites soit conforme & s'accorde auec la resolutió
d'aucun Concile, puis qu'en ces sainctes assemblees l'esprit de Dieu pre-
side, & que les resolutions en sont
tousiours conformes à sa parolle, &
qu'au contraire la doctrine des Iesuites par diuerses censures & con-
demnations a esté iugee *erronee*, *im-*
pie, heretique, & contraire à la parolle
de Dieu. Et nommément par celles
de la faculté de Theologie de Paris
des annees 1610. & 1626. loüees &
embrassees par tous les ordres de
France.

Ainſi à vray dire, les Ieſuites font
de la vie des Roys ce que fit autrefois vn malicieux perſonnage de la
vie des petits oyſeaux , il les enue-
loppoit dans ſon mouchoir, & pour
ſe mocquer duDieu de ſon pays s'en
alloit à l'oracle demander s'ils e-
ſtoient morts ou viuants , ſi l'oracle
eut reſpondu viuãts,il les eut eſtouf-
fez;ſi morts il auoit reſolu de les laiſſer enuoler : mais ſur ceſte demande
trompeuſe l'oracle luy monſtrant
qu'il cognoiſſoit bien la malignité
de ſon intention luy reſpondit, *le-*
quel tu voudras.

Or apres auoir deſcouuert la trõ-
perie & le menſonge qui eſt dans
leurs propoſitions en ce qui concerne le fonds de la doctrine: voyons
s'il y a plus de verité & de ſincerité
en ce qu'ils rapportent de la reque-
ſte par eux preſentee comme ils pre-

rendent au feu Roy en 1598. *qu'il n'y à Compagnie religieuse plus esloignee des affaires d'Estat que la leur, qu'elle s'en retire tant qu'elle peut :* c'est pourquoy les SVBIETS d'icelle (& ce mot en passant est bien à remarquer & considerer comme il se peut accorder auec la qualité de Roy & de Souuerain) *ne peuuent auoir aucune prelature Ecclesiastique ou autre ---ny resider* és cours des Princes.

Si cela est aussi veritable qu'il est hardiment mis en auant, i'en appelle à tesmoing toute la Chrestienté, mais laissant à part ce qui touche les autres Estats, qui voudra repasser par sa memoire les troubles excitez en ce Royaume depuis l'an 1576. iusques à present, il verra que depuis le commencement iusques à la fin ils y ont esté meslez si auant qu'il y a dequoy s'estonner comment ils ont eu

le

le front & l'asseurance d'escrire cela au feu Roy qui sçauoit bien le cô-
traire, & contre la teste duquel ils
ont machiné tant de mauuais desseins. Quelles allees & venuës ne firent point quasi à leur entree *le Pere
Mathieu, & le Pere Odo Pigenat* pour
les faire reüssir, la brieueté de ce discours ne permet pas de dire le tout
en particulier, ny tant d'autres mauuaises negotiations qui ont esté con-
duites en France par les principaux
de ceste Societé.

Mais les lettres trouuees depuis
deux ou trois ans en ça chez Oudin
leur Secretaire d'Estat, remplies de
diuers aduis & conseils qu'ils donnent & reçoiuent des affaires plus
importantes des Estats de la Chrestienté, & nommément de la France, mesme touchant la personne du
Roy, supprimé au grand preiudice

de la seureté du Royaume, ne ser-
uent-elles pas de preuue & de conuiction toute entiere, que non seulement ils se meslent des affaires
d'Estat, voires des plus secretes, &
de plus grand consequence : mais
qu'ils s'en meslent de telle sorte
qu'ils establissent vn Estat dans vn
autre, y ont vne police, des regle-
ments & des Conseils politiques
concernant nuëment la cognoissan-
ce & la conduitte des affaires publiques, & le gouuernement du Royaume. Et si les Iesuites ne se meslent
point des affaires d'Estat comment
ont ils faict prescher puis imprimer
qu'ils y sont si sçauants qu'il se trouue parmy leurs freres lays des personnes qui pourroient faire la leçon
aux Chanceliers de Grenade & de
Vailladolid, & à tout le Conseil

d'Eſtat du Roy d'Eſpagne.

Ils penſent s'eſchapper encores
foubs l'æquiuoque & la maligne interpretation de ces mots, *affaires
d'Eſtat & temporelles* : car ils fouſtiennent que de controller les ordonnances que faict vn Prince pour
le fouſtenement de fon auctorité
fouueraine, & iuger quand il faict
paix ou guerre, mariage ou alliance,
fi elle eſt iuſte ou non, le trauerſer
en fes Conſeils tant qu'ils pourront
s'ils ne leur font agreables, informer
meſme contre luy en qualité d'Inquiſiteurs fecrets felon leur miſſion,
le condamner ou faire condamner à
Rome, broüiller fon Eſtat par toute
forte de menees, exciter par factions
la reuolte & la rebellion de fes fubiets pour luy faire tomber la couronne de deſſus la teſte, fuborner &
corrompre foubs vn faux ombre de

Religion des esprits melancholi-
ques pour l'aſſaſſiner, ce ſont à leur
dire des affaires de Religion & de
conſcience : car ainſi l'ont eſcrit Bellarmin & tous ceux d'entre eux qui
ont traicté telles matieres, & c'eſt
cela qu'on nomme en termes d'Inquiſition, *negotium fidei, actio fidei,
l'affaire & l'acte de la Foy dans le directoire des inquiſiteurs*, comme il a
eſté remarqué cy-deſſus.

Mais qui ne s'eſtonneroit, voire
iuſques à la paſmoiſon de leur voir ſi
hardiment écrire ce qui eſt deſdit par
la cognoiſſance publique de tout le
monde, *qu'ils ne peuuēt reſider és Cours
des Princes, ny auoir aucunes Prelatures Eccleſiaſtiques ou autres, ny aucun
rang és aſſemblees des villes & ailleurs,
& que par regle & loy de leur Sociéte
cela leur eſt defendu.* C'eſt vne loy
qu'ils gardent auſſi bien que la pre-

tenduë defenſe qui leur a eſté faicte par leur General d'enſeigner l'aſſaſſinat des Roys ; car l'on ſçait que dans les Cours de tous les Princes de la Chreſtienté on ne void autre choſe que Ieſuites, quand à celle de France ils n'en bougent & ne l'abandonnent iamais ſi leur trop grande, trop curieuſe & dangereuſe importunité ne les en faict chaſſer comme ont eſté *Coton, Arnoul, Seguiran*: les maiſons des Princes, des puiſſants & des grands en ſont perpetuellement aſſiegees, & les ruelles des Dames en ſont touſiours remplies, meſme lors que par delicateſſe ordinaire à leur ſexe, & non par indiſpoſition, gardant le lict elles ont le plus de ſoing de ſe parer & faire monſtre de ce que la nature leur a donné de plus beau.

Auſſi peu d'apparence y a-il de nous bailler pour vne preuue de leur humilité & du foing qu'ils ont de fe retirer de la lumiere des affaires publiques, qu'ils ne peuuét auoir aucune prelature Ecclefiaftique, ny charge publique. Car il eft bien vray que la Bulle de Paul 3. del'an 1549. porte bien, *que aucun de cefte Societé eftant efleu Euefque ou en autre dignité*, ne pourra prefter confentement à cefte eflection, ny accepter la charge: mais la Bulle adioufte, *abfque præpofiti confenfu & expreßâ licentiâ*, fans le congé exprez du General. Si bien que ce n'eft point vne defenfe & vn empefchement de leur regle, mais vne faculté & vne condition qui depend de la pure & abfoluë volonté de leur General, qui le peut ou permettre ou empefcher, felon les refpects & les interefts qui le poufferont à ce faire.

Et de faict nous auons veu en nos

iours qu'ils ont bien patiemment
souffert de voir reueſtir du pourpre
de Cardinal aucuns de leur Societé:
& à mon aduis c'eſt à leur grand re-
gret qu'ils ne peuuent introduire
plus grand nombre.

Et par cet eſprit de preſomption
quelles brauades & quelle rebellion
n'ont-ils point commiſe contre M.
l'Eueſque de Poictiers, lequel neantmoins par ſon courage & la cognoiſſance qu'il a de l'excellence & de la
dignité de l'Epiſcopat, en a eu aucunement la raiſon ? ne les a on pas veu
ſouuent donner du coulde aux Eueſques pour approcher & ſe faire place
pres la perſonne du Roy ? ne les a on
pas veu és aſſemblees ſolemnelles
d'actions de graces publiques dans
l'Egliſe de Paris & ailleurs s'agenoüil-
ler pres l'accoudoir du Roy au deſſus
d'Eueſques & Archeueſques ? *Segui-*

ran ne fit-il pas vne iniure publique en prefence du Roy dans fainct Merry à vn Euefque de France, recommandable pour la nobleffe de fon extraction, & les merites particuliers de fa perfonne, auquel par vne violence extraordinaire il fit quitter la place pour l'occuper ? Nous venir donc donner en payement qu'ils s'abftiennent d'eftre Prelats comme vne marque de leur humilité & du mefpris des affaires publiques, ce n'eft pas monnoye de bon aloy : ils font comme ce Romain qui refufa les prefents precieux que les Samnites luy offroient auec cefte refponfe altiere, *malo aurum habentibus imperare*, i'ayme mieux commander à ceux qui ont l'or & les richeffes. Ils ne font point Euefques dient-ils, & ne peuuent eftre, mais ils s'eftiment par deffus tous les Euefques, & leur General

ral plus que toute autre dignité du
monde: & qui plus eſt ils feroiét s'ils
pouuoient qu'aucun ne feroit Eueſque ou pourueu de quelque autre dignité Eccleſiaſtique que par leur credit & leur entremiſe, & il n'y a perſonne qui ne ſçache comme ils ont
trauaillé de paruenir à ce pouuoir en
la Cour de France.

Pour faire voir clairement comme
les Ieſuites meſpriſent les Prelatures,
il ne faut que ſe repreſéter ce qui s'eſt
paſsé entre eux & l'Egliſe d'Angleterre, par l'eſtabliſſement qu'ils ont
recherché & pourſuiuy auec tát d'ar-
deur & ſi long temps d'vne dignité
extraordinaire en ceſte pauure Egliſe
deſolee pour en attirer à eux ſeuls
l'Empire abſolu,& vne domination
toute entiere. Les cheueux dreſſent
en la teſte en liſant l'Hiſtoire du téps,
& voyant les mauuais traictements
dont les Ieſuites ont vſé contre les

Preſtres de ceſte pauure Egliſe, & les calomnies & impoſtures dont ils les ont chargé pour les faire perir, telles, qu'il ſe peut dire que les rigueurs des Heretiques n'ont point tant trauaillé & affligé la pauure Egliſe Angloiſe, que l'ambition horrible des Ieſuites bruſlants d'enuie d'y dominer abſolumét. Et cela a duré vn bien long temps, & tant que le Pape Clement VIII. qui certainement eſtoit vn tres bon Pape, s'eſtant inſtruit de la verité arreſta le cours de ceſte tyrannie violente ſur les plaintes qui luy en furét faictes par ces pauures Preſtres quaſi deſeſperez, leſquelles entre autres choſes portoient que les Ieſuites auoiét obtenu de ſa Sainéteté par ſurpriſe, *vt Archipresbyter cũ infinitâ ſeu arbitrariâ poteſtate in Angliâ conſtitueretur, hoc ſedulo interim quærentes, vt ipſimet nõ ordinario & vulgari præſulũ titulo in Eccleſiâ dominatũ arripiãt (nã*

Thuan. hiſt l. 116.

eas dignitates ex instituto respuere) sed vt in-
usitatâ iuxta & versutißimâ dominandi
ratione vniuerso clero presint: sic enim eos in-
consulto præsbiterio præsules creare & rei
Ecclesiasticæ moderamen ita ad se contra-
here, vt ex solis Societatis suæ sodalibus, non
à clero ipso pendeat : tractuque temporis eo
res dementuras vt ipsi, quod est genus inau-
ditum religiosæ humilitatis, præsulibus omnibus presint, C'est à dire, que les Iesuites
auoient obtenu de sa Saincteté l'establissement d'vn Archiprestre en Angleterre
auec vne puissance absoluë & non bornée,
à dessein de s'emparer de la domination sur
ceste Eglise, non pas par le tiltre ordinaire
d'Euesques & de Prelats (car ils disẽt, que
par leurs regles ils les refusent) mais de s'ac-
querir par vne voye également nouuelle &
malicieuse l'empire sur tout ce Clergé: car
par ce moyen ils entreprennent de faire des
Prelats sans l'aduis du Clergé, & attirent
tellement à eux le gouuernement de l'Eglise qu'il depend entierement d'eux seuls, &

non pas du Clergé du pays : & y a bien à craindre auec le temps que ces gens-là par vne sorte d'humilité religieuse toute nouuelle & inoüye deuiennent superieurs de tous les autres Prelats.

Mais ie passe bien plus auant & ie dis vne chose estrange, mais veritable, que la Societé des Iesuites comme elle n'a en sa conduitte pour but principal que son interest & sa grãdeur: elle a esté dressee & composee auec tant de prudence mondaine, qu'elle est capable de posseder toutes les richesses & les dignitez, tant Ecclesiastiques que Laïques, & rendre les siens maistres absoluts du gouuernement entier, tant au spirituel que temporel non seulement d'vne ville ou d'vne Prouince; mais de tout vn Royaume, voire de toute la Chrestienté.

Cela vient de la diuersité des Iesuites qui sont parmy eux, car il faut sçauoir qu'entre autre sorte de Iesuites il y en a deux qui sont merueilleusemét propres à l'aduancement de ce dessein. La pre-

miere eſt compoſee de perſonnes ſecu-
lieres tát hommes que femmes mariees
ou non mariees, leſquels ils aſſocient à
leur compagnie, & qui viuants ſous vne
obediéce aueugle códuiſent toutes leurs
actions par l'ordre & le conſeil que leur
donnent les Ieſuites ſans les oſer aucunement deſdire, & pour ce s'appellent
Ieſuites d'obedience, & ces gens-là ſont
pour la pluſpart Seigneurs & Dames de
qualité, Bourgeois, Marcháds, & autres
perſonnes de toutes conditions, riches
& accómodees, deſquelles comme d'v-
ne terre tres-fertile, ils tirent tous les ans
de tres bons fruits, & en abondance, &
fortifiez de leur credit & puiſſance, viennent à bout de tout ce qui concerne
leurs intereſts.

L'autre ſorte de Ieſuites eſt compoſee d'hommes ſeulement, tant Eccleſiaſtiques que Laiques, non mariez, leſquels viuants par la permiſſion des Ieſuites dans le monde, ſont obligez par
vœu ſecret de prendre l'habit de la So-

cieté, & se rendre dans leurs maisons au moindre commandement que leur en fera leur General, & pour ce sont appellez *Iesuites in voto* : soubs le nom desquels la Societé obtient & possede pensions, Eueschez, Abbayes, & toute autre sorte de biens & reuenu temporel, mesme toute sorte de dignitez & Magistratures, tant Ecclesiastiques que Militaires, de Iustice & de Finance.

Iugez, ie vous prie la consequence de cela, & combié ce moyen secret est puissant pour l'establissement du pouuoir & de la Monarchie de ceste Societé au desauantage de toutes les polices & Republiques de la Chrestienté : car non seulemét par l'industrie de ces deux sortes de Iesuites cachez, ils entretiennent dans toutes les Cours les Princes & les Grands, & s'en seruent dextremét pour en tirer ce qu'ils desirent, mais eux mesme ont en main le pouuoir d'executer ce qui est de leurs desseins. Apres cela cóment osent-ils dire que par leurs regles ils ne peuuent auoir ny posseder les dignitez Ecclesiastiques ou Laïques? Et en verité nous n'en voyons point d'execution, si ce n'est en ce qu'ils esteignent & suppriment autant d'Abbayes & autres benefices qu'ils peuuent accrocher par des vnions irregulieres, violentes, & contre les saincts Decrets, Ordonnances de France, & l'intention pieuse des fondateurs, iusques à employer les Eglises à l'vsage des choses prophanes, se cótentáts d'en receuoir le reuenu comme d'vne bonne mestairie, de peur qu'on leur reproche que contre leurs regles ils possedent les dignitez Ecclesiasti-ques.

Le discours ne tariroit iamais sur ce suiet, & les raisons accourants à la foule pour arracher le masque à l'hypocrisie, & descouurir la verité pour la defense & la seureté de la vie des Roys, cóseruation du bel ordre estably en ce monde par la Prouidence du grand Dieu, & la tranquillité publique de la Chrestienté, il y a peine de le finir.

Neantmoins ce petit examen pouuant
suffir quant à present, comme vn rayon
pour esclairer les esprits les plus aueuglés
il est à propos de le clorre par ceste conclusion veritable qui en resulte : que tãt
s'en faut que la doctrine des Iesuites tou
chant le téporel des Roys soit cóforme
aux SS. Conciles & Decrets des Papes,
cóme ils ont osé publier par l'vn des a-
ctes examinez cy dessus, qu'au contraire
elle cõbat directemẽt la parolle de Dieu, le.
Saincts Conciles, l'autorité des Peres de l'E
glise, & des bons Papes : mais bien est-elle
cóforme aux Decrets de Boniface VIII. &
Iules II. les plus grãds ennemis qu'eut iamai
la Frãce, au maximes faulses & abomina
bles, & à la practique furieuse de l'Inquisition, inuẽtees par la Cour, & nõ par l'Eglis
de Rome, & aux loix et cõmandemens d
vieil de la Montagne Roy des assassins: et cõ
me telle, condamnee par censure et iugemẽ
vniuersel de la Chrestienté, ou pour mieux
dire auec le sçauant & eloquent Iacobi
Coëffeteau, par arrest du genre humain.

www.ingramcontent.com/pod-product-compliance
Ingram Content Group UK Ltd.
Pitfield, Milton Keynes, MK11 3LW, UK
UKHW031848170726
13836UKWH00004B/1962

9 782329 610214